Bothell, WA • Chicago, IL • Columbus, OH • New York, NY

Cover and Title pages: Nathan Love

www.mheonline.com/lecturamaravillas

Copyright © 2014 McGraw-Hill Education

All rights reserved. No part of this publication may be reproduced or distributed in any form or by any means, or stored in a database or retrieval system, without the prior written consent of McGraw-Hill Education, including, but not limited to, network storage or transmission, or broadcast for distance learning.

Send all inquiries to:
McGraw-Hill Education
Two Penn Plaza
New York, New York 10121

ISBN: 978-0-02-126694-4
MHID: 0-02-126694-8

Printed in the United States of America.

2 3 4 5 6 7 8 9 QVS 18 17 16 15 14   A

McGraw-Hill Lectura
Maravillas

Lectura / Artes del lenguaje

Autores

Jana Echevarria   Gilberto D. Soto

Teresa Mlawer   Josefina V. Tinajero

Bothell, WA • Chicago, IL • Columbus, OH • New York, NY

UNIDAD 4

EL GRAN CONCEPTO

Animales por todas partes

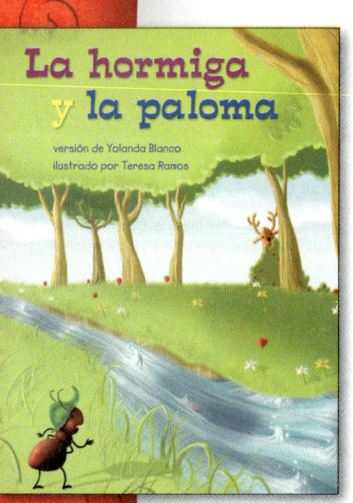

SEMANA 1
CARACTERÍSTICAS DE LOS ANIMALES CIENCIAS

La hormiga y la paloma Cuento folclórico . . 10
versión de Yolanda Blanco; ilustrado por Teresa Ramos

Murciélagos, murciélagos y ¡más murciélagos! No ficción 28

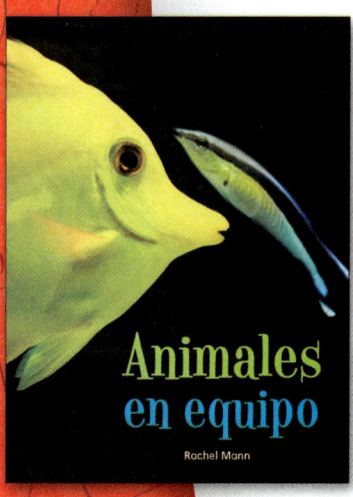

SEMANA 2 LOS ANIMALES UNIDOS CIENCIAS

Animales en equipo No ficción 34
Rachel Mann

La vida en la colmena No ficción 54

 ¡Conéctate! http://connected.mcgraw-hill.com/

SEMANA 3 EN LA NATURALEZA   CIENCIAS

Buen provecho... ¡animales al acecho! No ficción 58
Alonso Núñez; ilustrado por Juan Gedovius

Leer juntos **La hormiga** Poesía 78
L. A. Jáuregui

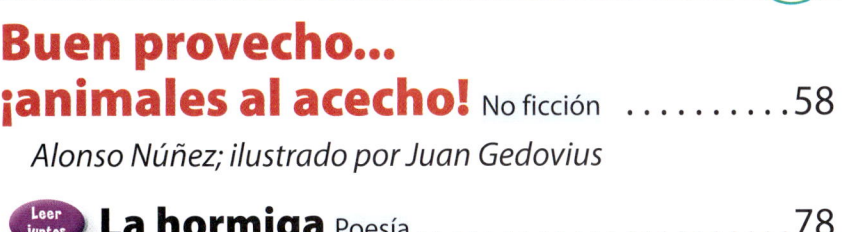

SEMANA 4 ¡INSECTOS!   CIENCIAS

Un tesoro Fantasía 80
Ivar Da Coll

Con ustedes, los insectos No ficción........102

SEMANA 5
TRABAJOS CON ANIMALES   ESTUDIOS SOCIALES

Koko y Penny No ficción...................106
Salvemos a los gorilas No ficción...........114

5

UNIDAD 5

EL GRAN CONCEPTO

¿Cómo funciona?

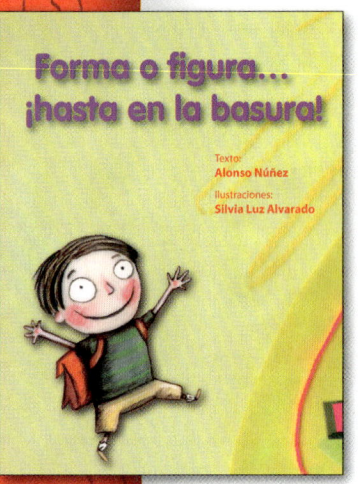

SEMANA 1   SE VE, SE CLASIFICA   CIENCIAS

Forma o figura... ¡hasta en la basura! Ficción realista 116
   Alonso Núñez; ilustrado por Silvia Luz Alvarado

Clasificamos aquí y allá No ficción 136

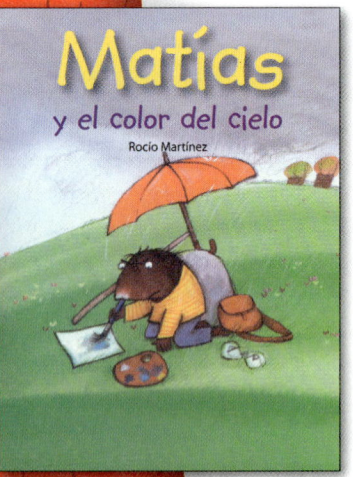

SEMANA 2   ARRIBA EN EL CIELO   CIENCIAS

Matías y el color del cielo Fantasía 142
   Rocío Martínez

La luna No ficción...........................166

 ¡Conéctate! http://connected.mcgraw-hill.com/

SEMANA 3
GRANDES INVENCIONES ESTUDIOS SOCIALES

Thomas Edison, inventor Biografía 172
David A. Adler; ilustrado por Sarah Snow

Leer juntos ## La bicicleta. Doña Tijera Poesía 192
Ángela Figuera Aymerich; Matías Gómez

SEMANA 4
LOS SONIDOS NOS RODEAN CIENCIAS

Hoy vamos al parque Ficción realista 196
Aída Marcuse; ilustrado por Benny Jackson Flores Sánchez

Suena que te suena Instrucciones 218

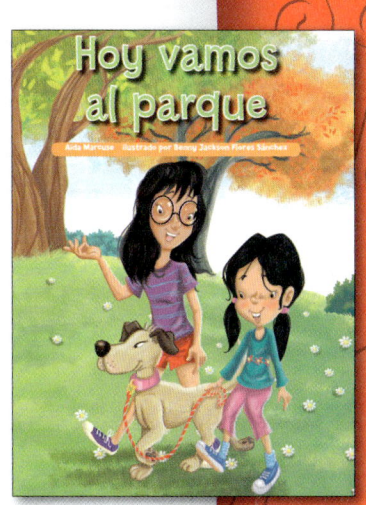

SEMANA 5 ¡A CONSTRUIR! CIENCIAS

Puentes por todas partes No ficción ...222
Pequeña, pero grande No ficción...........230

UNIDAD 6

EL GRAN CONCEPTO

¡Juntos podemos!

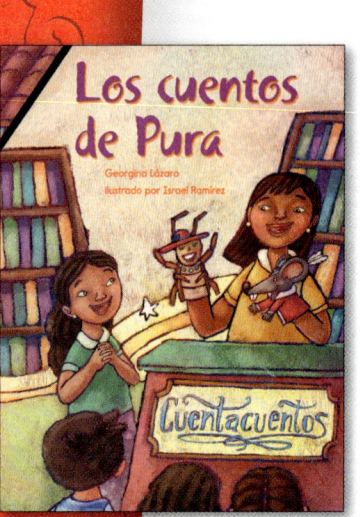

SEMANA 1
PONERSE EN ACCIÓN   ESTUDIOS SOCIALES

Los cuentos de Pura Biografía 232
Georgina Lázaro; ilustrado por Israel Ramírez

¡A marchar! No ficción 252

SEMANA 2 MI EQUIPO   ESTUDIOS SOCIALES

Un día con Rosina No ficción 258
George Ancona

Leer juntos La maestra Poesía 280
Anónimo

 ¡Conéctate! http://connected.mcgraw-hill.com/

SEMANA 3 ¡QUÉ TIEMPO HACE!   CIENCIAS

Una escuela a prueba de lluvia
Ficción realista 282
  James Rumford

Días de lluvia No ficción. .314

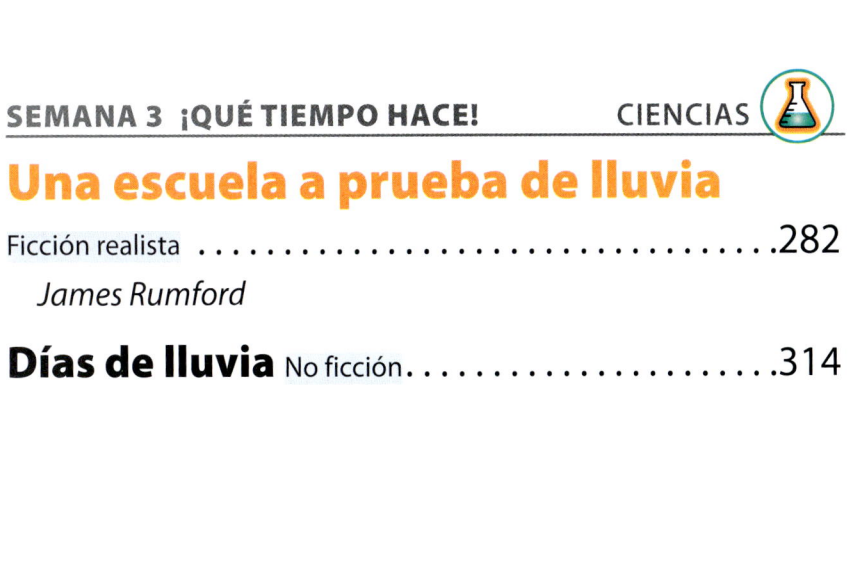

SEMANA 4
COMPARTIR TRADICIONES   ESTUDIOS SOCIALES

Una piñata mojada Ficción realista 318
  Pepe del Valle; ilustrado por Nivea Ortiz

Cómo hacer figuras con papel No ficción . . .338

SEMANA 5
CELEBRACIONES EN EE. UU.   ESTUDIOS SOCIALES

¡Feliz cumpleaños, Estados Unidos!
No ficción. 342

Crece una nación No ficción. 350

Glosario. 352

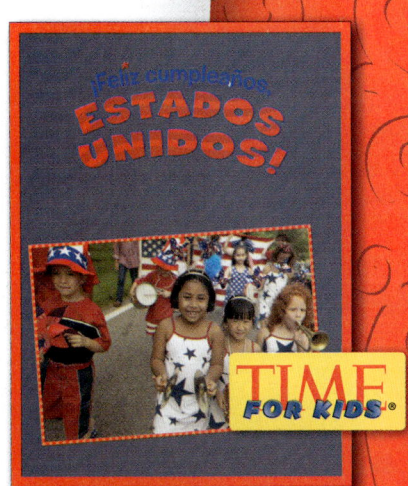

CCSS Género Cuento folclórico

Pregunta esencial

¿Qué pueden hacer los animales con su cuerpo?

Lee acerca de cómo se ayudan una paloma y una hormiga.

¡Conéctate!

La hormiga y la paloma

versión de Yolanda Blanco
ilustrado por Teresa Ramos

Una calurosa mañana, Hormiga caminaba por el parque hacia el río.

"¡Hace tanto calor! Voy a beber agua en el río", pensó.

"¡Qué río más **formidable**!", pensó Hormiga al llegar a la orilla. "¡Es grande y **trae** mucha agua!"

Hormiga estaba por tomar un poco de agua cuando sopló un fuerte viento. El viento agitó el agua y…

¡Zas! ¡Hormiga se cayó al río!

—¡Socorro! —gritaba—. ¡No sé nadar!

Hormiga movía sus seis patitas para intentar salir del agua, pero no podía.

"¿Qué hago ahora?", pensaba. "No puedo volver **atrás**".

Paloma estaba en la rama de un árbol cercano y vio a Hormiga en el agua.

"Hormiga no **puede** nadar", pensó. "**Aunque** yo tampoco sé nadar, debo ayudar a Hormiga".

—¡Yo te ayudaré! —dijo Paloma, y dejó caer al agua una hoja del árbol. **Entonces**, Hormiga subió a la hoja y el viento la llevó a una roca que estaba en la orilla. ¡Paloma salvó a Hormiga!

Hormiga bajó de la hoja y se alejó del río.

—¡Gracias, Paloma! —dijo—. ¡Me salvaste la vida!

Hormiga estaba tan cansada que decidió volver a su casa. Pero cuando iba por el camino, vio algo que le llamó la atención.

Un hombre estaba preparando una trampa para atrapar a Paloma.

"Tengo que ayudar a mi amiga Paloma", pensó Hormiga.

"Si le **muestro** a Paloma la trampa del cazador, no la podrá atrapar", pensó Hormiga.

Entonces, se acercó al cazador y le mordió el pie con todas sus fuerzas.

El cazador dio un enorme grito y salió corriendo. El grito asustó a Paloma. Y Paloma salió volando.

Desde arriba, Paloma vio al cazador que corría. También vio la trampa en el suelo. Y vio a Hormiga feliz al lado de la trampa. Paloma entendió lo que había pasado.

Luego de un rato, Paloma bajó para hablar con Hormiga.

—¡Gracias, amiga Hormiga! —dijo Paloma—. ¡Me salvaste la vida!

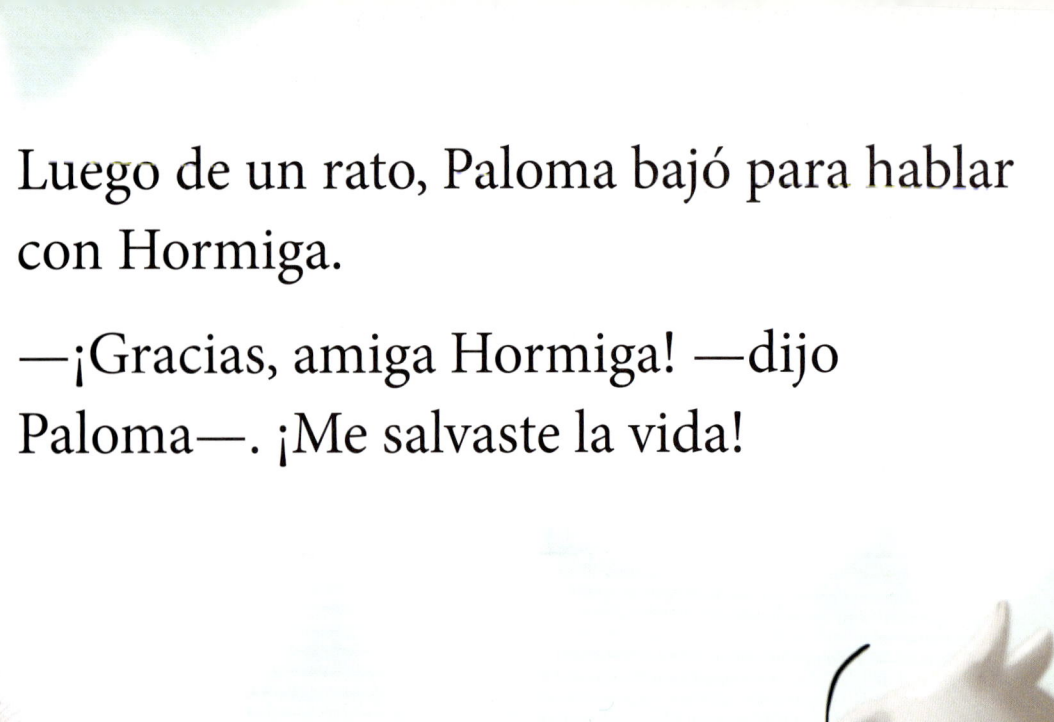

—¡Fuiste muy valiente! ¡Cualquiera estaría **orgulloso** de ser tu amigo! —dijo Paloma.

Paloma le dio un ala y Hormiga le dio la patita.

La hormiga, la paloma ¡y Teresa!

A **Teresa Ramos** le ha gustado dibujar desde que era una niña. Ahora le encanta hacer las ilustraciones de cuentos que ella misma crea o que otras personas crean. Le gusta ilustrar cuentos de animalitos, personas y personajes fantásticos.

Propósito de la ilustradora

Teresa Ramos quiso ilustrar un cuento sobre un animal que vuela y uno que camina. Dibuja un animalito de un cuento que hayas leído o escuchado. Escribe cómo se mueve ese animalito.

Respuesta a la lectura

Volver a contar

Vuelve a contar en orden y con tus propias palabras "La hormiga y la paloma".

Evidencia en el texto

1. ¿Qué pasa cuando Hormiga ve la trampa del cazador? **Orden de los sucesos**
2. ¿Qué pasa al final? **Orden de los sucesos**
3. ¿Cómo sabes que "La hormiga y la paloma" es un cuento folclórico? **Género**

Haz conexiones

Piensa en un animal que conoces. ¿Cómo se mueve? **Pregunta esencial**

27

CCSS Género No ficción

Compara los textos
Lee acerca de la vida de los murciélagos.

Murciélagos, murciélagos y ¡más murciélagos!

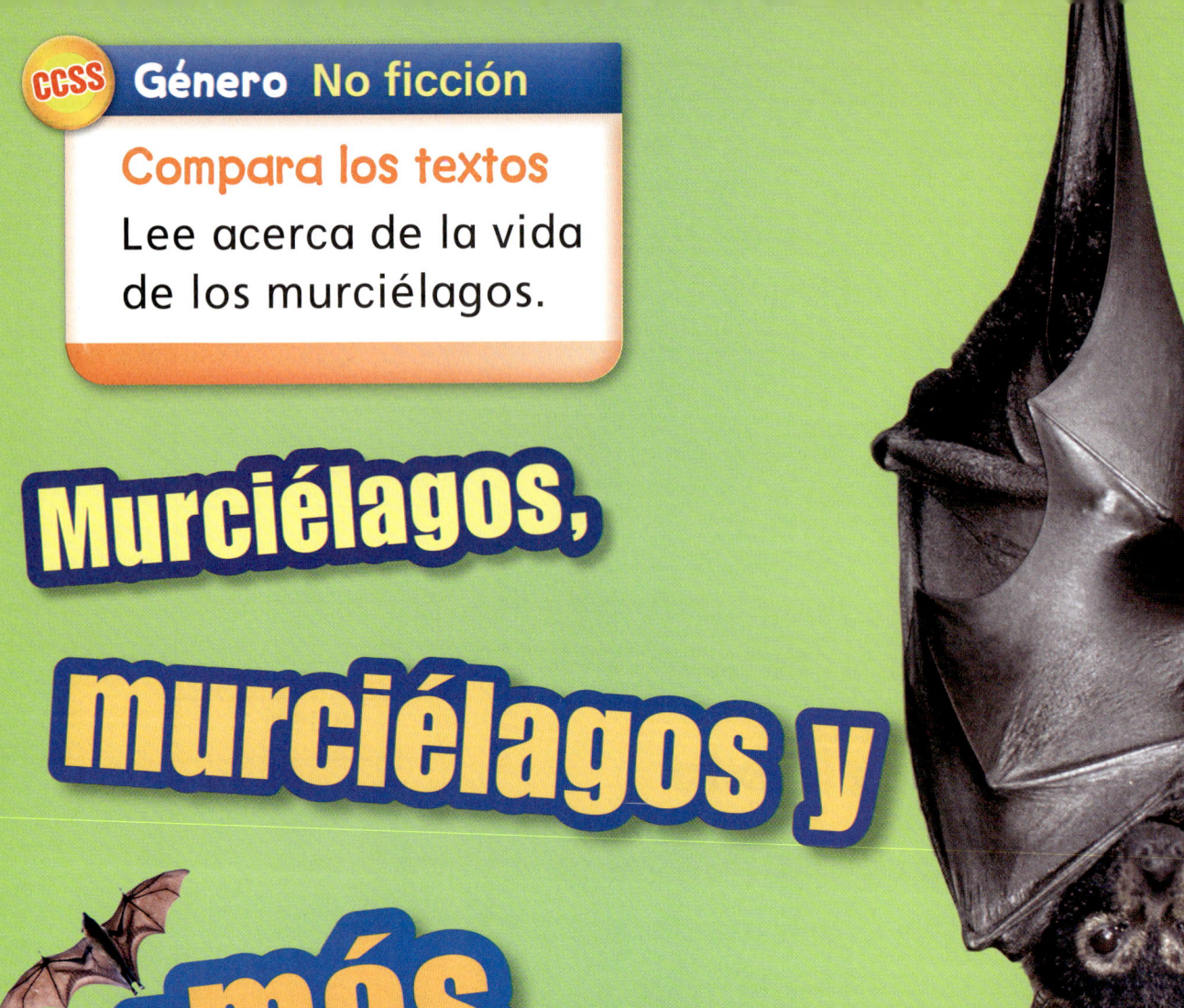

El **murciélago** es un animal especial. Hay más de 1,200 tipos. Los hay más oscuros y menos oscuros. Algunos tienen motas. ¡El murciélago más grande mide 6 pies con las alas estiradas!

El murciélago es un **mamífero**. Como todos los mamíferos, tiene pelo y columna vertebral. Además, los bebés nacen de la mamá y beben leche materna.

Pero, en un aspecto importante, el murciélago es distinto de todos los demás mamíferos: ¡tiene alas!

¿Murciélago o ave?

Parte del cuerpo	Murciélago	Ave
orejas	orejas enormes para escuchar en la noche	dos pequeños oídos sin orejas
cobertura	pelaje (pelo)	plumas
alas	dos alas con una capa de piel; 4 dedos y un pulgar en cada ala	dos alas con plumas
patas	dos patas cortas con garras	dos patas largas con garras
hocico	**hocico** grande de distintas formas y tamaños	sin hocico, pero con pico

El murciélago no es un ave. ¡Pero es el único mamífero que puede volar!

En la tabla de arriba verás en qué se parecen y en qué se diferencian un murciélago y un ave.

Los murciélagos anidan en cuevas y árboles. Muchos murciélagos viven juntos en un mismo nido.

De día, los murciélagos se quedan en el nido y duermen. Les gusta dormir suspendidos cabeza abajo.

De noche, el murciélago despierta y sale a cazar. ¿Cómo obtiene el alimento si no puede ver? El murciélago emite un sonido. Cuando las ondas del sonido chocan con alguna cosa, el eco rebota. ¡El eco le indica que hay algo para comer!

El murciélago ayuda mucho a los seres humanos. Día a día come miles de insectos que dañan los cultivos.

El murciélago también esparce las semillas. Así ayuda a que crezcan los cultivos. ¡Los murciélagos son nuestros amigos!

Haz conexiones

¿Por qué el murciélago es un animal especial? **Pregunta esencial**

Género No ficción

Pregunta esencial

¿Cómo se ayudan los animales?

Lee acerca de animales que trabajan en equipo.

¡Conéctate!

Animales en equipo

Rachel Mann

35

¿Puede un pequeño pajarito ayudar a una enorme jirafa? ¿Puede un camarón ayudar a un pez?

¡Claro que sí!

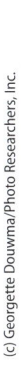

Estos pueden parecer amigos dispares. Pero muchos animales trabajan en equipo. Esos animales se ayudan de muchas maneras. Veamos qué hace cada uno.

Hay pájaros que viven en el lomo de grandes animales. ¿Y a esos animales no les molesta? No, **porque** los pájaros se comen los insectos que hay en su pelaje.

Los animales grandes también ayudan a los pájaros. Con ellos, los pájaros están a salvo. ¡Y los insectos del lomo son como ricos caramelos!

Este pez y este llamativo camarón ciego hacen un equipo fantástico.

Como el camarón no ve, el pez lo ayuda. El pez está atento al **peligro**, y el camarón se queda cerca de él. Cuando el pez sacude la cola, el camarón sabe que es momento de esconderse.

El camarón también ayuda al pez. Va **hacia** un rincón oscuro del mar y permite que el pez se esconda con él. Los dos se quedan allí hasta que pasa el peligro.

La cebra y el ñu viven en llanuras donde hace mucho calor. A los dos les encanta comer pasto todo el día.

Pasan mucho tiempo juntos. ¿Por qué?

Si andan juntos, no les resulta tan **difícil** hallar pasto para comer.

Además, se ayudan para estar a salvo. Si alguno de ellos nota que están en peligro, no duda en **empezar** a correr. Y el resto solo debe **seguir** al primero.

Muchos peces quieren comer al pez payaso. Necesita un hogar seguro. Por eso vive dentro de una anémona de mar.

El pez payaso está a salvo, porque la mayoría de los peces teme a la anémona de mar. ¿Por qué? Porque la anémona pica… a todos menos a su **compañero**, el pez payaso.

El pez payaso también ayuda a la anémona de mar. Se esconde dentro de ella y sale, una y otra vez. Y así espanta a los peces que la podrían dañar.

La oruga debe mantenerse a salvo para convertirse en mariposa.

¿Quién la ayuda? ¡Las hormigas! Cuando las hormigas ven una oruga, la llevan adonde esté a salvo.

¿Por qué será?

La oruga tiene en el **cuerpo** un líquido que a las hormigas les encanta.

En poco tiempo, la oruga se convierte en una bella mariposa del color del mar.

Cuando este pequeño pez limpiador quiere comer, busca un pez más grande. ¿Por qué? ¡De ese modo se alimenta gratis!

Y también le quita los parásitos al pez grande.

¡El pez pequeño tiene mucho trabajo! Los peces grandes forman fila para esperar su turno.

49

Un animal grande y un animal pequeño… ¡El mejor equipo!

Cuando dos animales trabajan en equipo, hacen lo que es mejor para los dos.

Rachel Mann y los animales

A **Rachel Mann** le gusta investigar sobre los animales, en especial sobre los que tienen un comportamiento peculiar. Rachel disfrutó mucho investigar para escribir "Animales en equipo", porque aprendió que los animales se ayudan y se necesitan igual que las personas.

Propósito de la autora

Rachel Mann escribió sobre animales que hacen cosas interesantes. Escribe sobre un animal que te parezca interesante.

Respuesta a la lectura

Volver a contar

Vuelve a contar con tus propias palabras tres detalles importantes de "Animales en equipo".

Evidencia en el texto

1. ¿Cuál es la idea principal de "Animales en equipo"? **Idea principal**
2. ¿Por qué algunos pájaros se posan en el lomo de un animal grande? **Detalles**
3. ¿Cómo sabes que "Animales en equipo" es un texto de no ficción? **Género**

Haz conexiones

¿Qué animales viste juntos alguna vez? ¿Cómo se ayudaban? **Pregunta esencial**

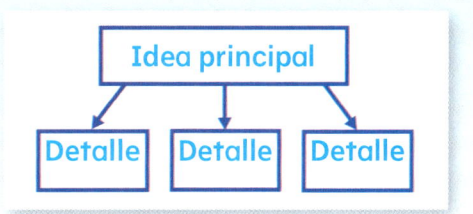

Género No ficción

Compara los textos
Lee acerca del trabajo en equipo que hacen las abejas.

La vida en la colmena

Normalmente, las colmenas están en los árboles.

La colmena es la casa de las abejas. Cada abeja tiene un trabajo para ayudar a la colmena.

54

La abeja obrera hace el panal donde ponen la miel.

La abeja **obrera** es la que hace la miel.
También ayuda con el aseo de la colmena.

En todas las colmenas hay una abeja **reina**. Ella pone todos los huevos.

En la colmena también hay abejas macho, o **zánganos**. Su trabajo es ayudar a la reina a hacer los huevos.

La abeja reina y los zánganos en la colmena.

La abeja reina pone los huevos en el panal.

Las abejas bebé salen de los huevos. Las abejas obreras las alimentan.

En una colmena grande… ¡hay mucho trabajo!

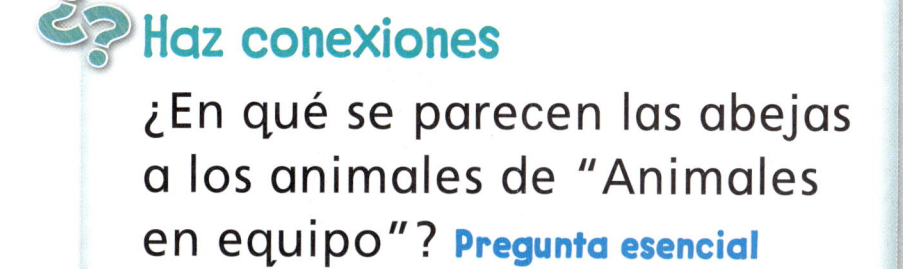

Haz conexiones

¿En qué se parecen las abejas a los animales de "Animales en equipo"? **Pregunta esencial**

CCSS Género **No ficción**

Pregunta esencial

¿Cómo sobreviven los animales en la naturaleza?

Lee acerca de cómo obtienen su alimento algunos animales.

¡Conéctate!

Buen provecho...
¡animales al acecho!

Texto: Alonso Núñez
Ilustraciones: Juan Gedovius

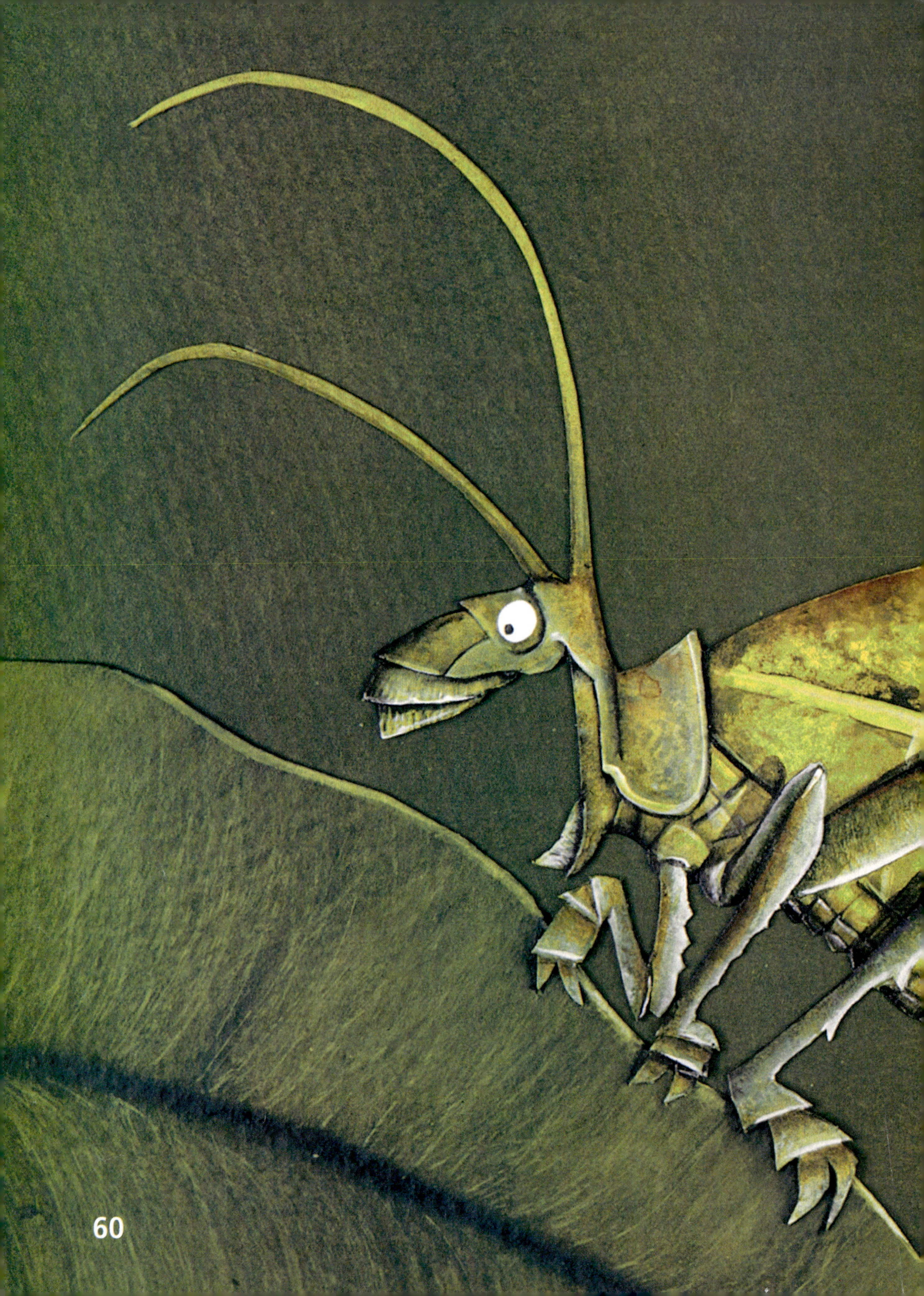

¡Qué apetito, qué festín!

En la selva el chapulín
come hierbas encantado.

Luego dice muy confiado
que no habrá quien se lo coma.

Sin embargo ya se asoma…

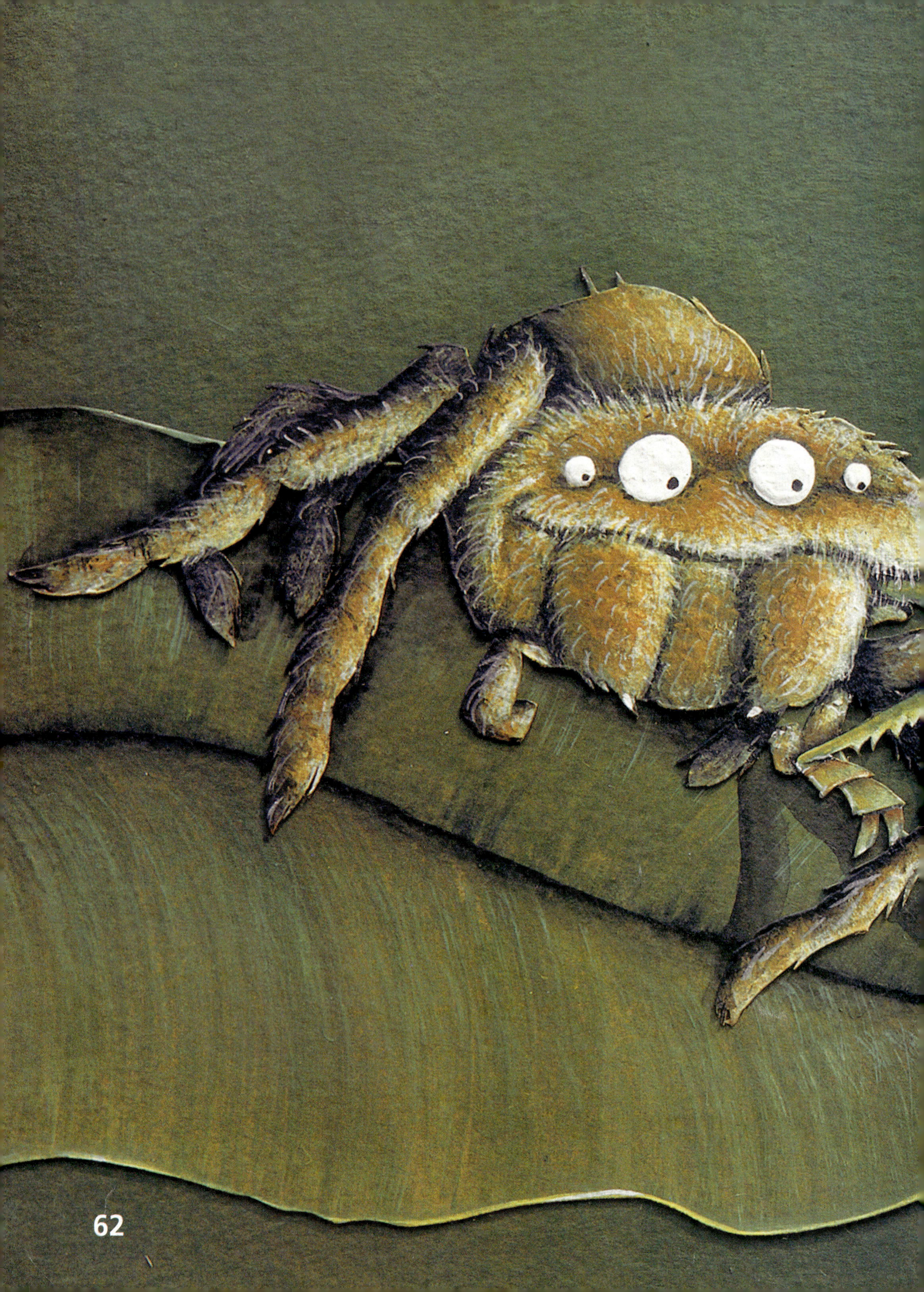

¡Una araña de ocho patas!

Y al **insecto** papanatas
se lo come y queda hinchada.

Luego dice muy confiada
que no habrá quien se la coma.

Sin embargo ya se asoma…

¡Esta rana, mucho gusto!

Y la rana, tras el susto,
se la come masticada.

Luego dice muy confiada
que no habrá quien se la coma.

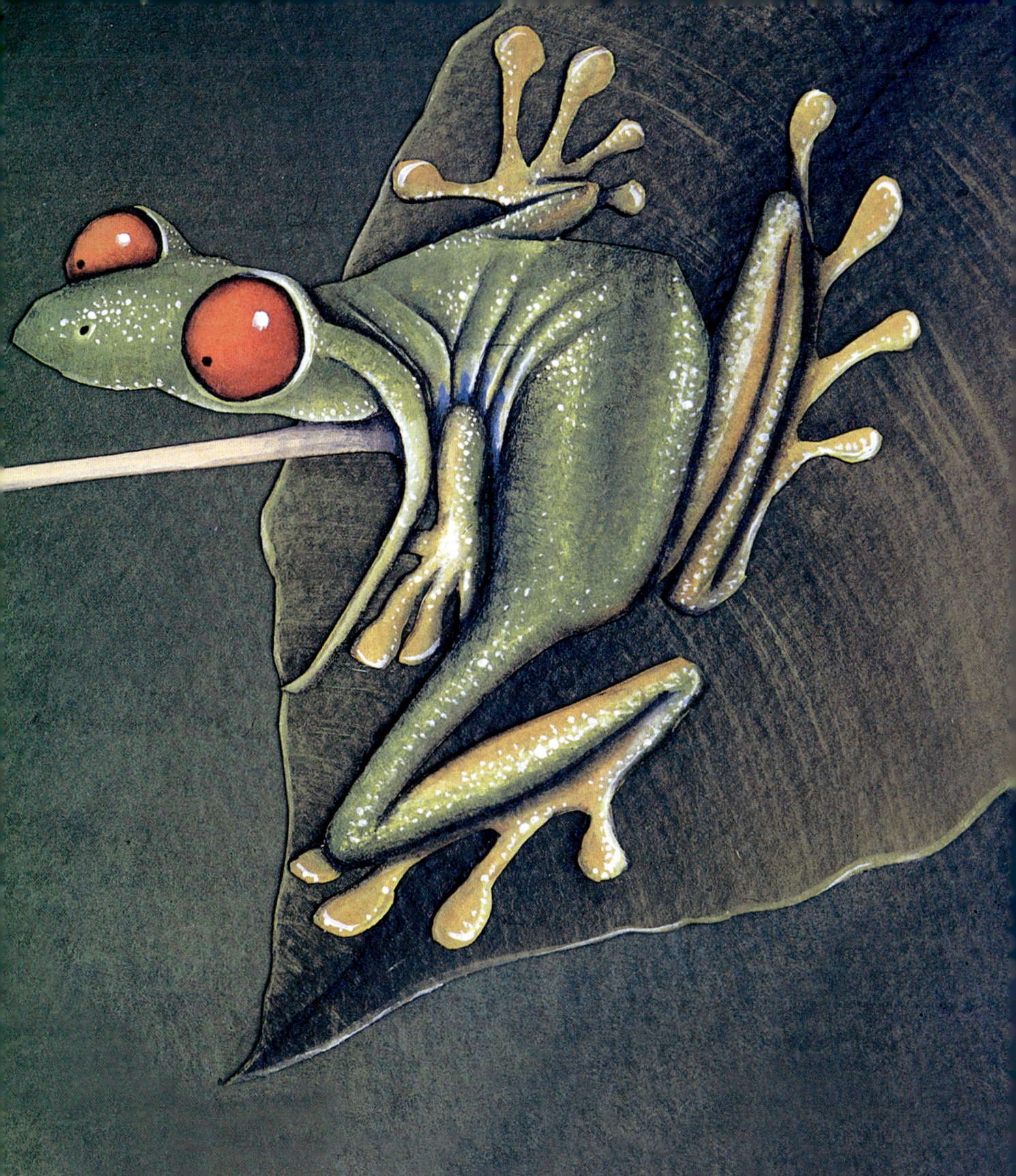

Sin embargo ya se asoma…

Como rayo, ¡la culebra!

Y a la rana que celebra
se la come y deja nada.

Luego dice muy confiada
que no habrá quien se la coma.

Sin embargo ya se asoma…

¡El rabudo cacomixtle!

Y a la culebra que viste
se la come el condenado.

Luego dice muy confiado
que no habrá quien se lo coma.

Sin embargo ya se asoma…

¡El cocodrilo de río!

Y al cacomixtle, qué lío,
se lo come con agrado.

Luego dice muy confiado
que no habrá quien se lo coma.

Sin embargo ya se asoma…

¡El jaguar, dientes con filo!

Y se come al cocodrilo
sin haberlo cocinado.

Luego dice muy confiado
que no habrá quien se lo coma...

¡Y esta vez nadie se asoma!

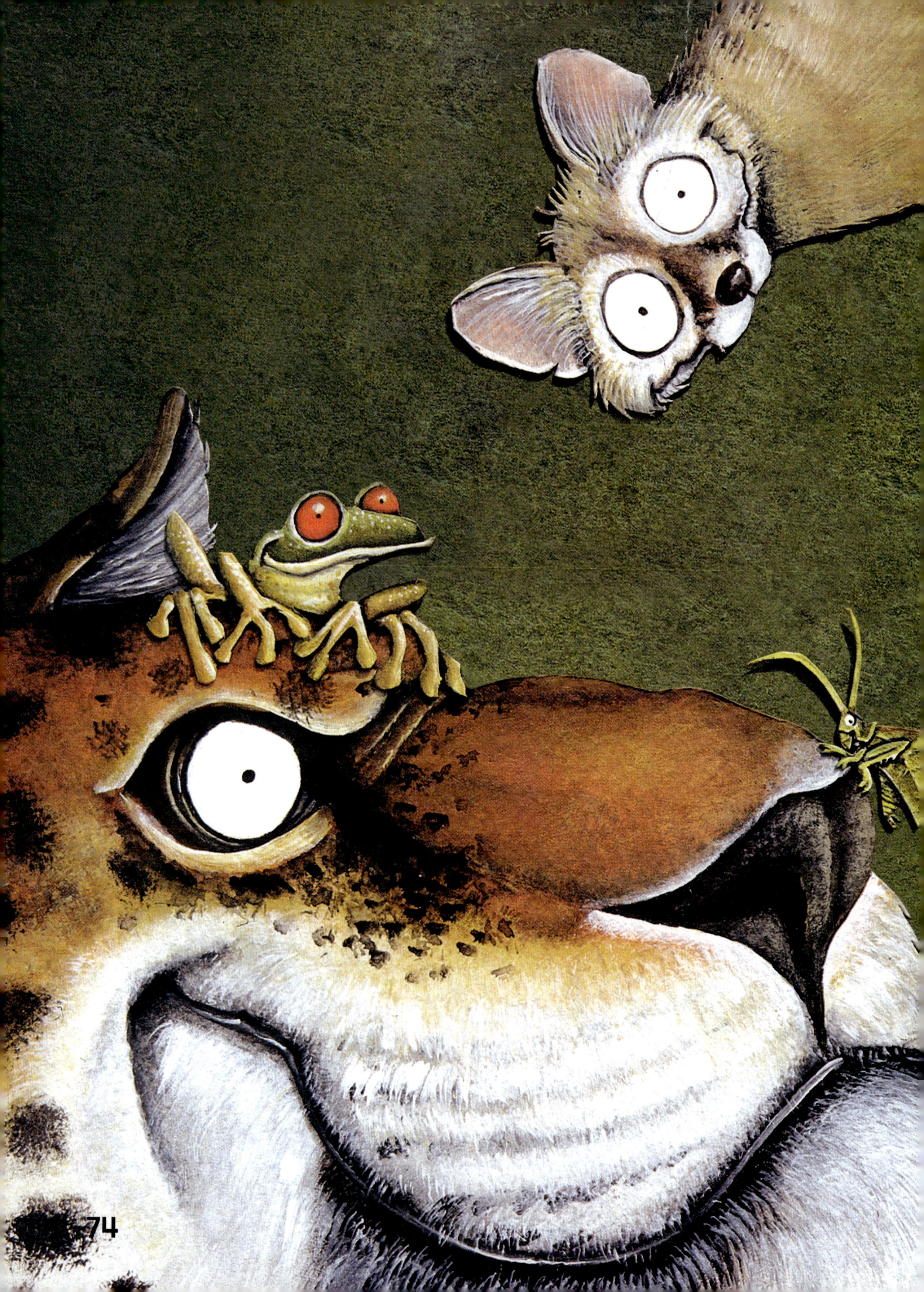

Natural y necesaria
¡entre todos han formado
la cadena alimentaria!

Alonso Núñez, el último eslabón

Leer juntos

A **Alonso Núñez**, un amante de los libros y la lectura, siempre le fascinaron los fenómenos de la naturaleza. En este libro, nos cuenta sobre uno de ellos: la cadena alimentaria. Y lo hace de un modo muy entretenido y con rimas muy divertidas.

Propósito del autor

Alonso Núñez quería escribir sobre los animales de la reserva ecológica de Calakmul, Campeche, en México. ¿Te animas a dibujar un animal de esta cadena alimentaria? Luego, escribe de qué se alimenta.

Respuesta a la lectura

Volver a contar

Vuelve a contar *Buen provecho… ¡animales al acecho!* con tus propias palabras.

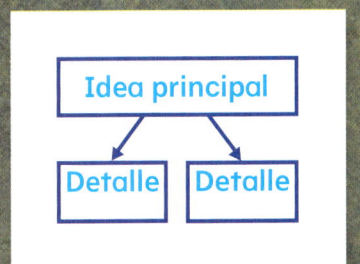

Evidencia en el texto

1. ¿De qué trata *Buen provecho… ¡animales al acecho!*? **Idea principal y detalles clave**
2. ¿A quién se come la araña? ¿Y quién se la come a ella? **Idea principal y detalles clave**
3. ¿Cómo sabes que *Buen provecho… ¡animales al acecho!* es un texto de no ficción? **Género**

Haz conexiones

Piensa en un animal salvaje que conoces. ¿Qué come y cómo obtiene su alimento? **Pregunta esencial**

Género Poesía

Compara los textos
Lee acerca de cómo se prepara una hormiga para sobrevivir al frío.

La hormiga

Hormiga hacendosa
que vienes y vas,
acarreando cosas
con dificultad.

Cuando llegue el frío
dichosa serás,
porque en tu casita
te podrás quedar.

L. A. Jáuregui

Haz conexiones

¿Qué hace la hormiga para sobrevivir al frío? **Pregunta esencial**

CCSS Género Fantasía

Pregunta esencial

¿Qué insectos conoces? ¿En qué se parecen y en qué se diferencian?

Lee acerca de unos lindos insectos que encuentran un tesoro en el bosque.

¡Conéctate!

80

Un tesoro

Ivar Da Coll

—¡Mira! ¡Un botón! —Mosca estaba contenta.

—Es un gran **esfuerzo**, pero yo lo llevo —dijo Libélula.

—No tenemos mucho tiempo —dijo Saltamontes.

—Y vamos tarde a la escuela —opinó Abeja.

—Creo que quiero comer —dijo Polilla muy calmada.

En tanto, la maestra Mariposa esperaba al **grupo** de insectos en el salón de clases.

Luego, cruzaron el río y ahí estaba Escarabajo, busca que busca en la tierra.

—Hola, don Escarabajo. ¿Qué hace? —le dijeron.

—Busco tesoros que **existen** bajo la tierra —contestó.

—Si necesita ayuda... —dijo Libélula.

Pero Escarabajo no contestó y se marchó, así, sin más ni más.

—Don Escarabajo nunca saluda. Solo le gusta su trabajo —dijo Libélula.

—Y aún nos falta mucho camino —opinó Saltamontes.

—Vamos a buscar tesoros —dijo Mosca—. A lo mejor en el suelo vemos alguno.

—¡Sí, eso, juguemos! —A todos les gustó la idea.

Pero Saltamontes pensó que era tarde.

Y Polilla dijo:

—¡Yo quiero comer!

Caminaron, caminaron y caminaron.

De pronto, algo llamó su atención.

Estaban ante un tesoro.

—Es muy grande —pensó Libélula.

—Y **hermoso** —dijo Abeja.

—Yo creo que es **elegante** —dijo Polilla—, pero quiero comer.

—¡Socorro! —dijo Mosca desde lo alto—. ¡Un animal! ¡Hay un animal grande encima del tesoro!

—¿Está vivo? —le dijo el grupo.

Entonces apareció la maestra Mariposa y dijo:

—¿Qué hacen aquí? ¿Por qué no han ido a la escuela?

—Maestra, allá hay un tesoro, pero el **problema** es que un animal muy grande está encima de él —dijo Mosca.

Entonces Mariposa se asomó y dijo:

—Nada. No es un animal. Creo que es un peluche. ¡Miren! Aquí dice algo.

La maestra leyó en voz alta:

Si me perdí, por favor, llévame contigo.

Quiero que juguemos juntos. Soy tu mejor amigo.

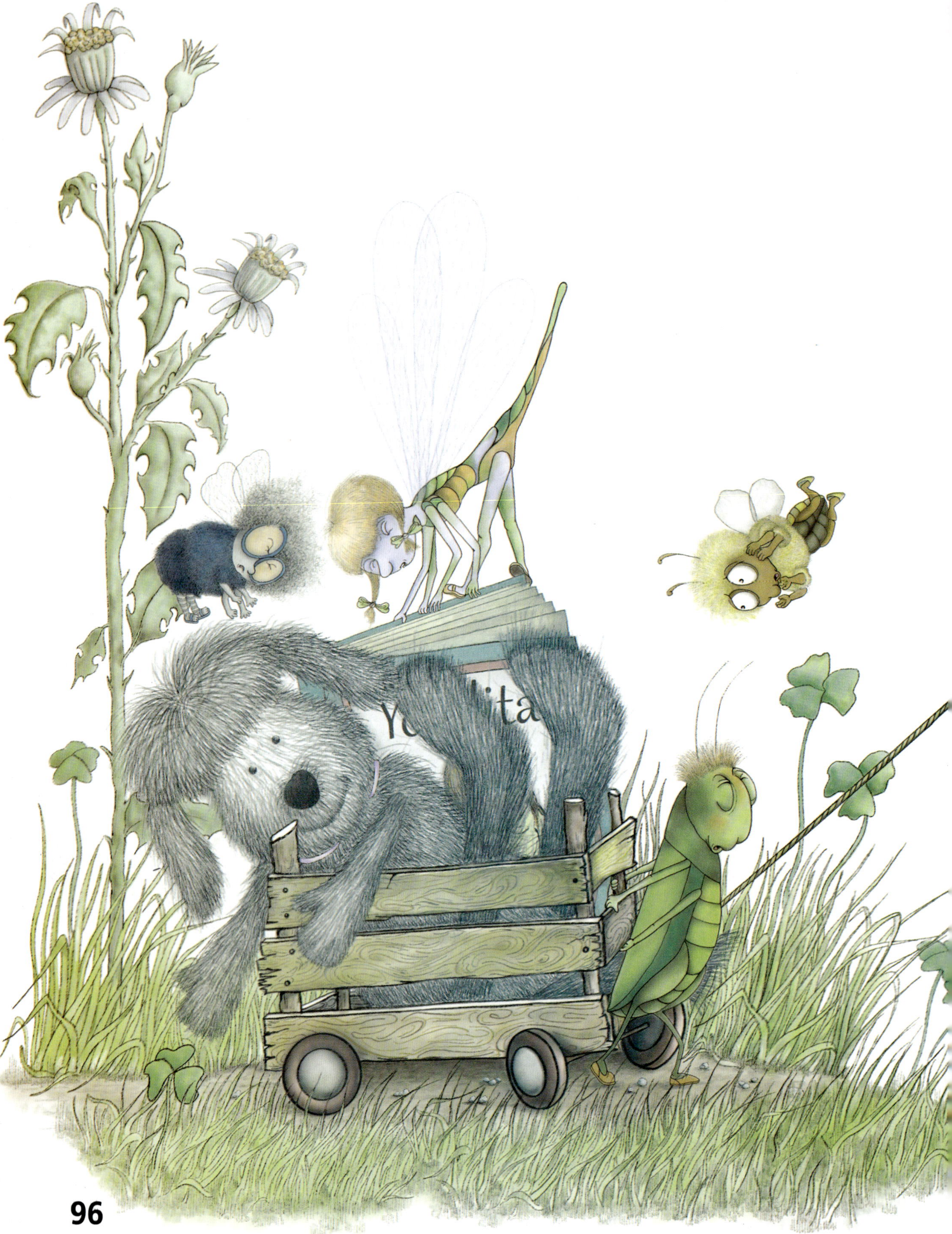

Luego, levantaron el peluche y las demás cosas del tesoro.

Después, caminaron juntos desde el parque hacia la escuela.

Y, ¿qué crees que pasó?

Pues que desde ese día a los insectos les gusta correr y saltar con el peluche.

Y siempre se quedan dormidos encima de él cuando descansan del **estudio**, mientras la maestra les lee un **libro**.

Aunque no saben cómo lo van a llamar.

El tesoro de Ivar

Ivar Da Coll dice: "Me gusta escribir cuentos con personajes que sean animales. En este cuento de insectos, me imaginé que muchas de las cosas que tiramos o se nos pierden son grandes tesoros para ellos. Además, me pareció bonita la idea de una escuela de insectos con una maestra mariposa".

Propósito del autor

Ivar Da Coll quería escribir un cuento sobre diferentes insectos que tienen una aventura. ¿Qué insectos del cuento conoces? Dibuja uno. Escribe una oración acerca de ese insecto.

Respuesta a la lectura

Volver a contar

Vuelve a contar "Un tesoro" con tus propias palabras.

Personaje	Pista	Punto de vista

Evidencia en el texto

1. ¿Quién le dice a Libélula: "¡Mira! ¡Un botón!"? **Punto de vista**
2. ¿Quién dice que a don Escarabajo solo le gusta su trabajo? **Punto de vista**
3. ¿Cómo sabes que "Un tesoro" es una fantasía? **Género**

Haz conexiones

¿En qué se parecen los insectos de "Un tesoro" a los insectos que tú conoces? ¿En qué se diferencian? **Pregunta esencial**

Género No ficción

Compara los textos

Lee acerca de los insectos.

Con ustedes, los insectos

Hay **insectos** en todas partes del mundo. Los hay de formas, tamaños y colores diferentes. Hay muchos más insectos que cualquier otro tipo de animal.

¿Cómo se identifica un insecto? Lee y entérate.

El cuerpo de un insecto

Los insectos tienen seis patas. No tienen huesos. La parte externa del cuerpo es dura. **Protege** el cuerpo del insecto. La mayoría de los insectos tiene antenas y alas.

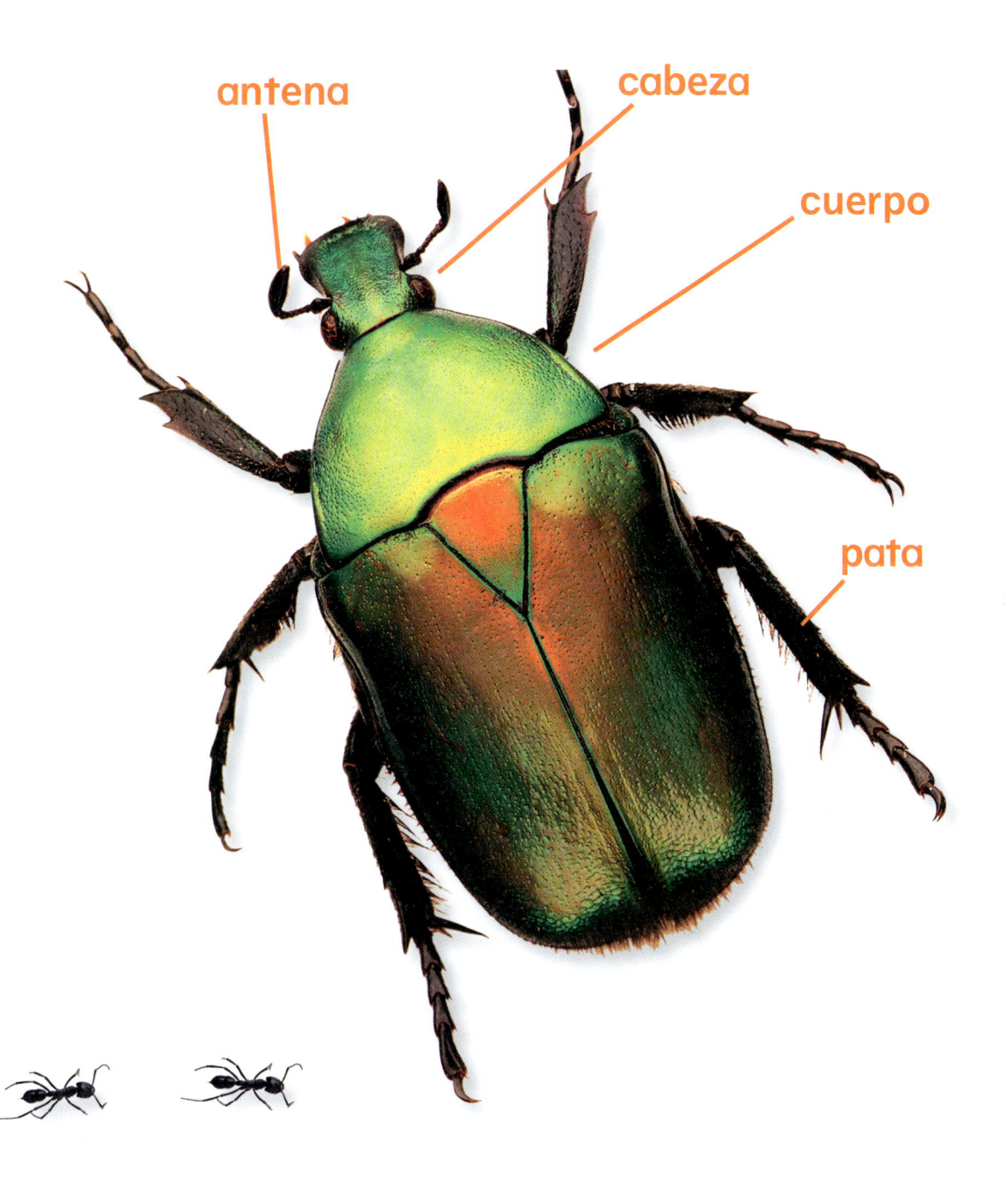

antena
cabeza
cuerpo
pata

103

Los sentidos de los insectos

Los insectos usan los **sentidos** para buscar comida. La mosca usa las antenas para oler. Con las patas prueba las cosas. Por eso las moscas se posan sobre la comida.

Los insectos no ven como vemos los seres humanos. Muchos insectos tienen más de dos ojos. ¡Este saltamontes tiene cinco!

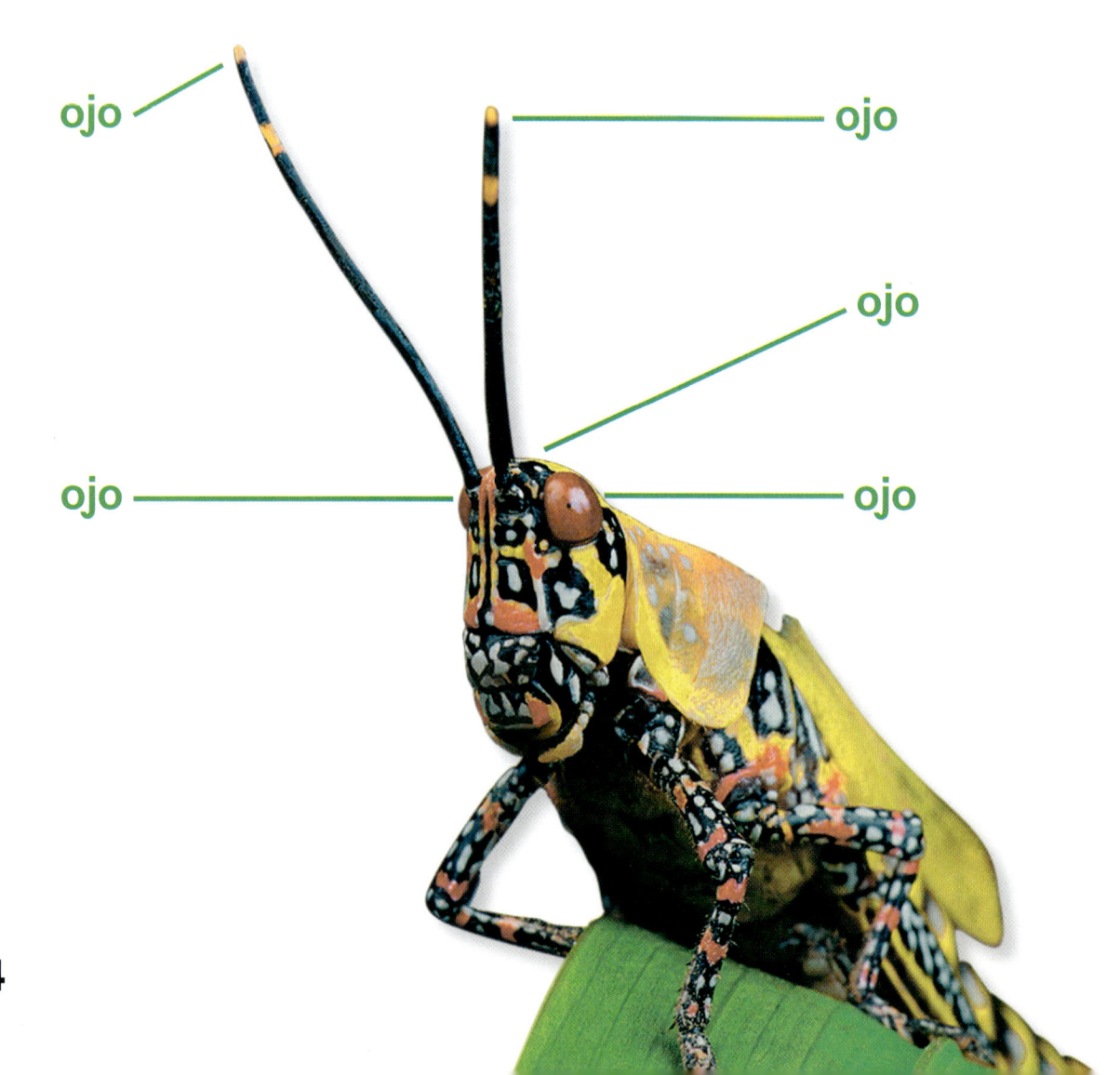

ojo

ojo

ojo

ojo

ojo

Datos interesantes

Algunas hormigas levantan cosas hasta 30 veces más pesadas que ellas. Esta hormiga levanta una hoja.

Una libélula puede volar a más de 60 millas por hora.

Las termitas hacen montículos de hasta 30 pies de altura.

¡Los insectos son maravillosos!

Haz conexiones

¿Qué cosa increíble puede hacer una hormiga en un cuento? **Pregunta esencial**

CCSS **Género** No ficción

TIME FOR KIDS

Pregunta esencial

¿Cómo trabaja la gente con los animales?

Lee acerca de una gorila que hace cosas increíbles.

¡Conéctate!

Koko y Penny

¿Qué le enseña una maestra especial a la gorila Koko?

Koko es una gorila. Penny Patterson es una mujer. ¡Pero Penny es como la mamá de Koko!

Koko era muy pequeña cuando Penny comenzó a enseñarle.

Penny halló a Koko en un zoológico en 1972. Koko tenía solo un año y se echó a correr hacia ella. Penny la adoró enseguida y quiso enseñarle una forma de **hablar**.

107

Primero, Penny le dio un vaso a Koko y le enseñó la seña para "beber". Al comienzo, Koko solo pedía las cosas que más le gustaban. ¡Siempre repetía la seña para "galletitas"!

Esta es la seña de Koko para "beber".

Así es como Koko dice que le gusta algo.

Así es como Koko dice "cepillo de dientes".

Al poco tiempo, Koko podía decir más cosas. Ahora sabe más de mil palabras. Si muestra una sonrisa, es **señal** de que está contenta. Cuando hace la seña para "llorar", se señala los ojos. ¡Koko es muy **astuta**!

Luego, Penny quiso enseñarle a Koko más cosas. Le enseñó a usar lápiz y papel. Koko no **escribe**, pero hace dibujos muy lindos. ¡**Quizá** intenta escribir su nombre!

A Koko le encanta escribir notas y firmar con su nombre.

Koko es muy cariñosa con las mascotas.

Cuando Koko tenía 12 años, usaba mucho la seña para la palabra "gato". Por eso, Penny se ocupó de **encontrar** un gatito para ella. Koko era muy amorosa con él. Lo llamó "Pelota". Luego tuvo más mascotas y siempre fue cariñosa con ellas.

Ahora, Koko está muy ocupada. Le gusta mucho **escuchar** música y pintar. Pinta muchas figuras en un papel **blanco**. También les pone nombre a sus pinturas. Algunas de ellas son "Juguete" y "Hogar".

El color favorito de Koko es el rojo.

Ya hace mucho tiempo que Penny juega con Koko y le enseña cosas. ¡Qué equipo tan singular!

Respuesta a la lectura

1. ¿Qué fue lo primero que Penny le enseñó a Koko? **Orden de los sucesos**
2. ¿Qué aprendió Koko después de que empezó a usar las señas? **Orden de los sucesos**
3. ¿Cómo sabes que "Koko y Penny" es un texto de no ficción? **Género**
4. ¿Qué puedes aprender a partir del estudio de los animales? **Pregunta esencial**

Género No ficción

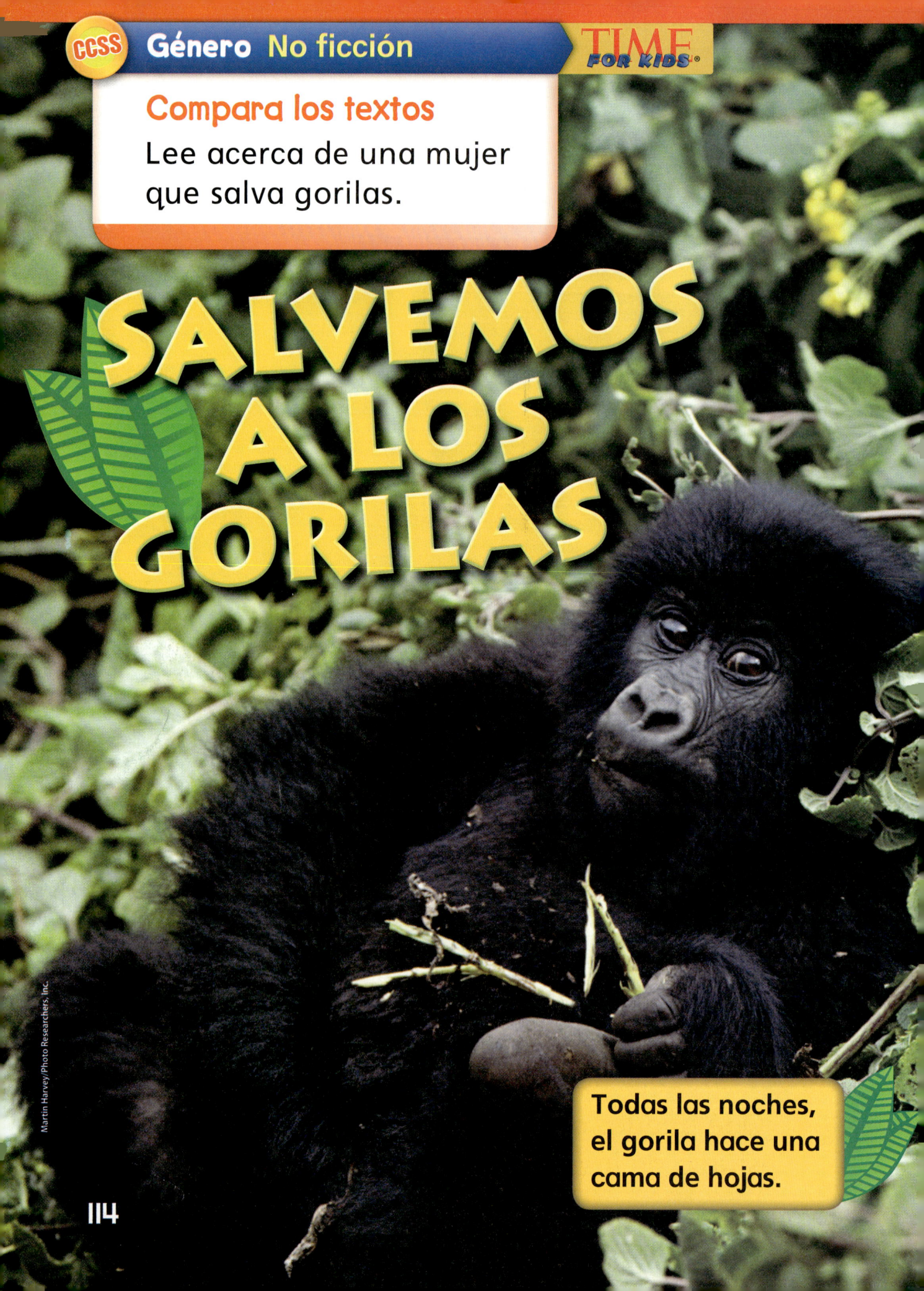

Compara los textos

Lee acerca de una mujer que salva gorilas.

SALVEMOS A LOS GORILAS

Todas las noches, el gorila hace una cama de hojas.

Helen Gichohi vive en Kenia. Junto con su equipo, salva gorilas como Koko.

Antes había gente que mataba a los gorilas. Luego, llegó Helen con su equipo y les enseñó que eso estaba mal. Ahora, el equipo ayuda a los gorilas para que se mantengan juntos. Sale a buscarlos y se asegura de que estén a salvo. Si los gorilas adultos están seguros, pronto se sumarán nuevas crías a la familia.

La Dra. Helen Gichohi es presidenta de la Fundación Africana para la Vida Silvestre.

Un compañero del equipo halla un gorila. Toma notas y se asegura de que esté a salvo.

Haz conexiones

¿En qué se parecen el trabajo de Penny con Koko y el de Helen con los gorilas? ¿En qué se diferencian? **Pregunta esencial**

115

CCSS Género Ficción realista

Pregunta esencial

¿Cómo podemos clasificar y categorizar las cosas?

Lee acerca de cómo un niño clasifica las cosas que halla en su camino.

¡Conéctate!

Forma o figura... ¡hasta en la basura!

Texto:
Alonso Núñez

Ilustraciones:
Silvia Luz Alvarado

117

—Y dime, Demetrio, ¿de qué es tu tarea?
—De formas geométricas, **palabra** tan fea.
—**Pues** vamos a casa corriendo que es tarde.

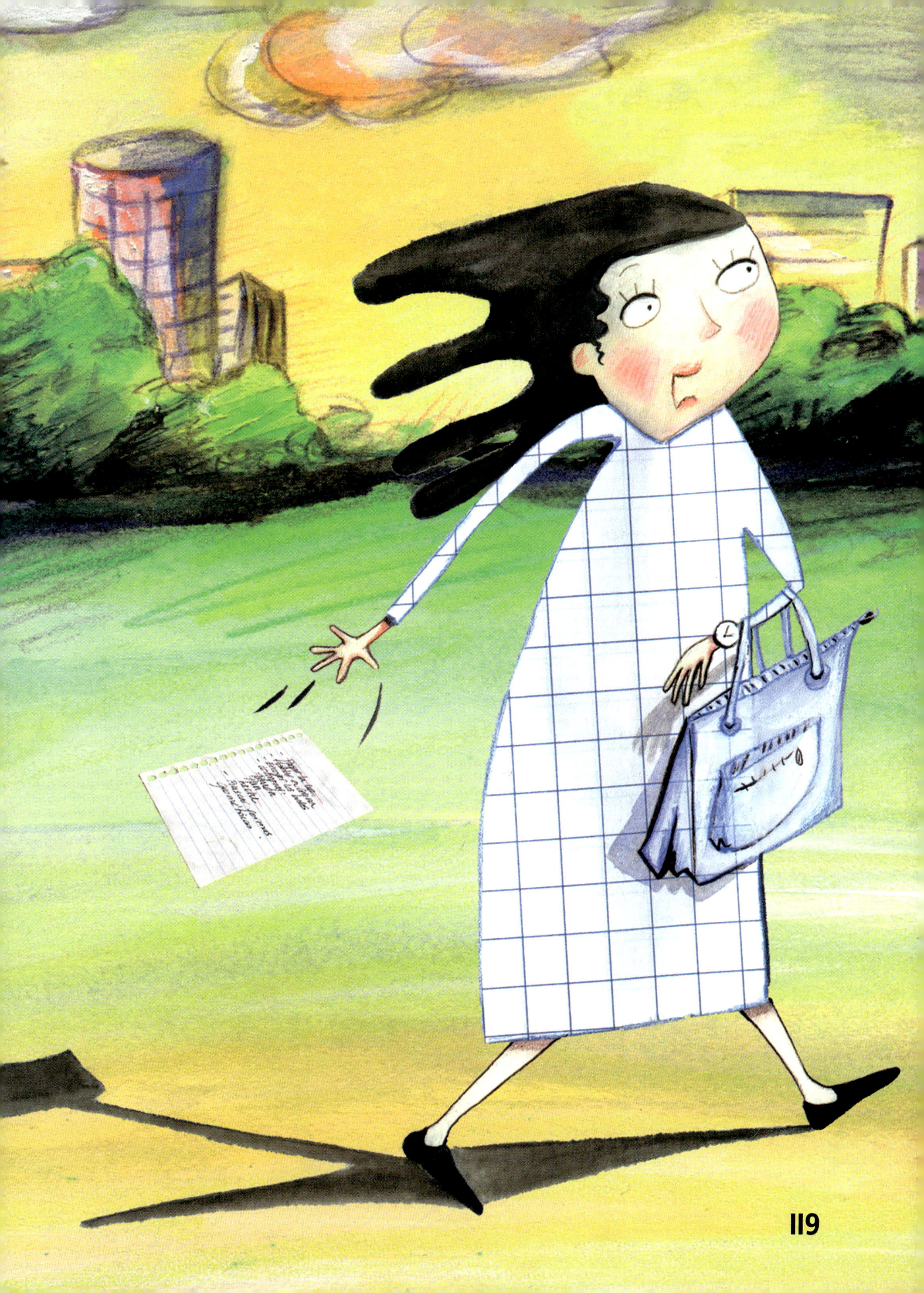

Mi mamá tiró un papel…

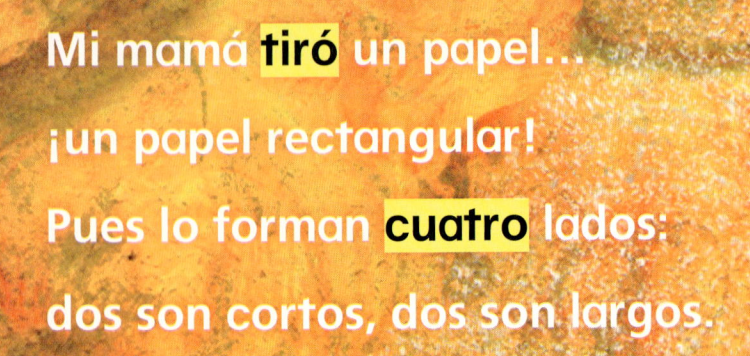

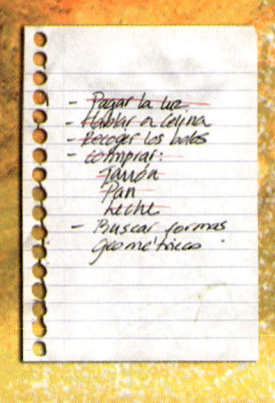

¡un papel rectangular!

Pues lo forman cuatro lados:

dos son cortos, dos son largos.

rectángulo

121

Por acá
tres corcholatas recojo.
Mucho ojo:
son de **forma** circular.

círculo

123

Hallé en la tienda de helados esta forma de tres lados.

triángulo

125

Para mí no es algo nuevo:

tiene la forma de un huevo.

óvalo

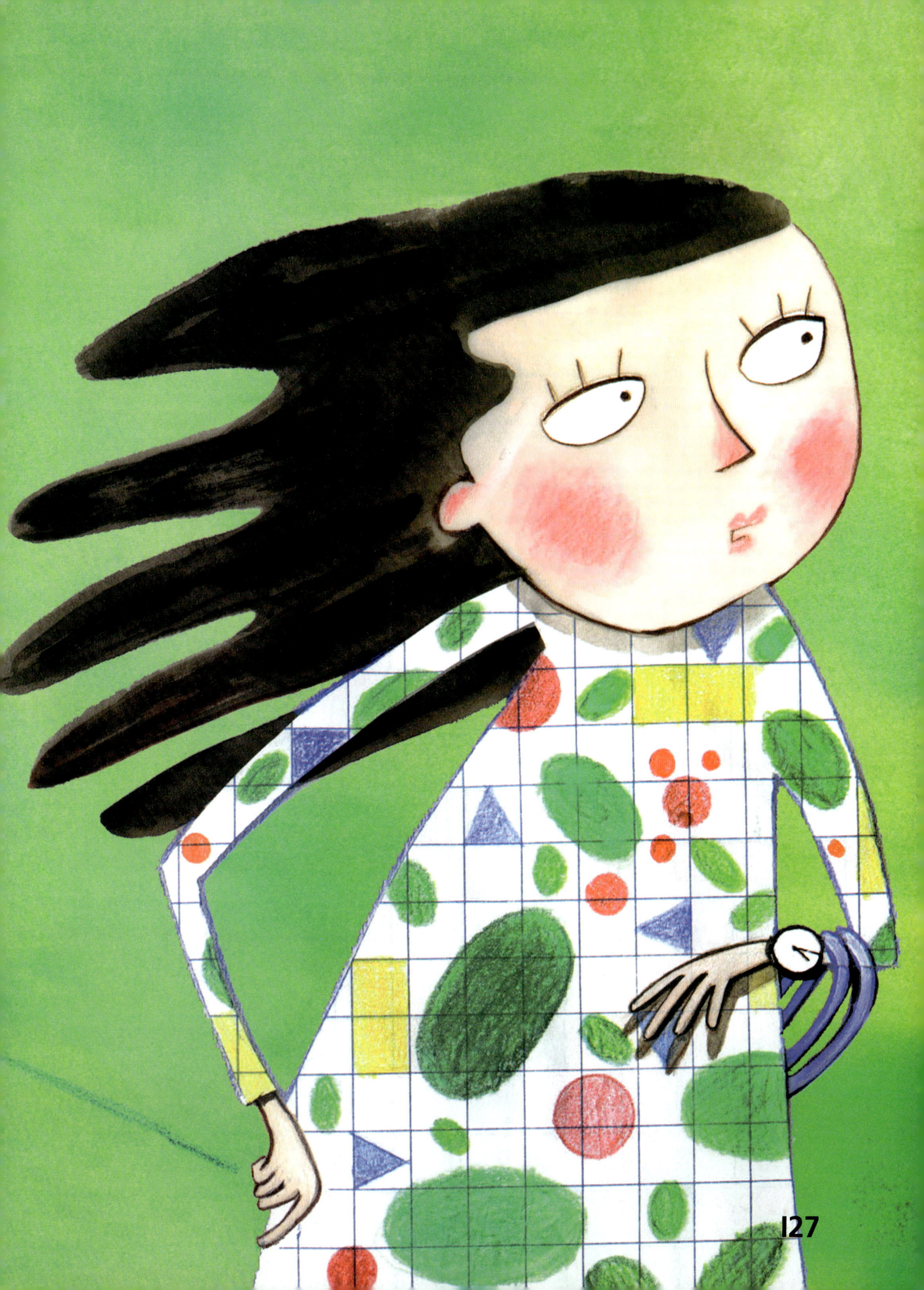

Sobres, postales,
todos tirados...
¡Épale, claro!
Con cuatro lados
rectos e iguales
forma un cuadrado.

cuadrado

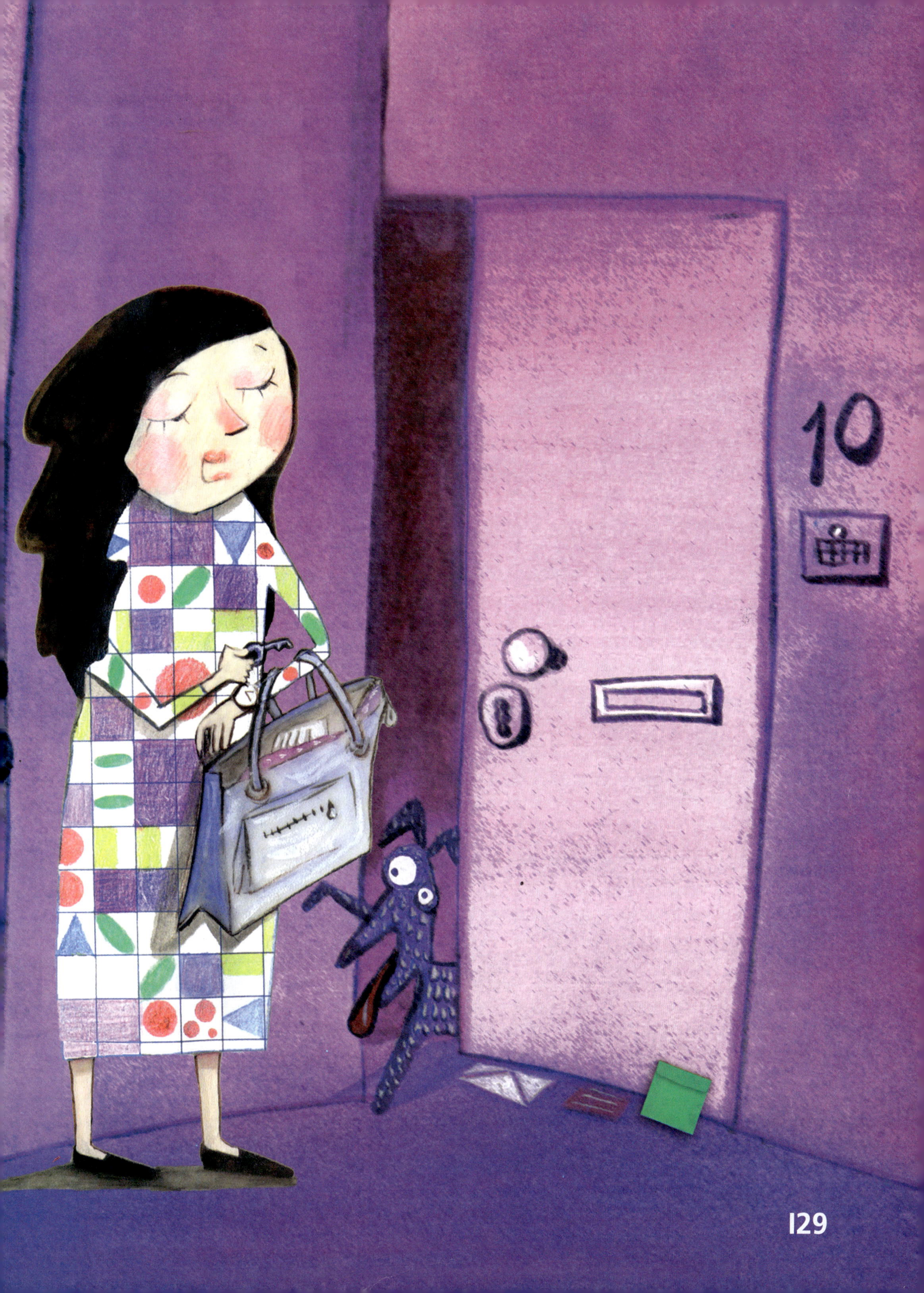
10

—Hijo, ¿de dónde has sacado el ⬭ y el ▪ ?

¿El ▲ y el ▬ ?

¿Y los ● de lata?

131

—¿Cómo de dónde, mamá?
De basura que hay tirada
dondequiera que uno va.

—Muy bien, Demetrio, muy bien:
recogerla es una forma
de cuidar nuestra ciudad.

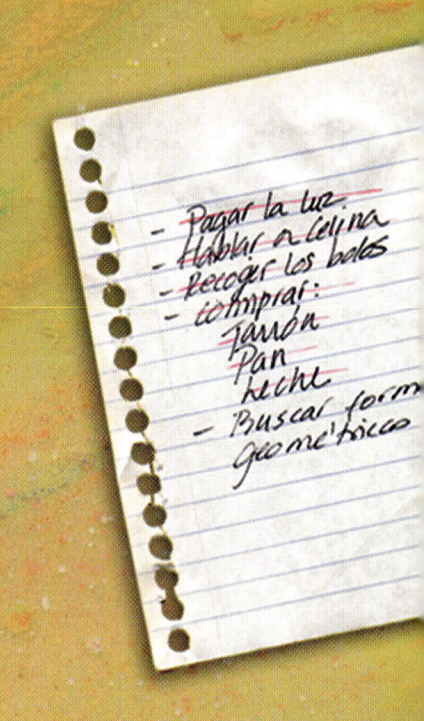

—Y no tirarla… también.

Leer juntos

Alonso Núñez nos enseña geometría

A **Alonso Núñez** siempre le fascinaron los libros y la lectura. En este divertido cuento rimado sobre geometría, te lleva de paseo por el mundo de las matemáticas.

Propósito del autor

Alonso Núñez se propuso enseñarnos las figuras geométricas y hacernos reflexionar sobre la basura que arrojamos a diario. ¿Qué figuras ves tú en la basura? Dibújalas y luego escribe sus nombres.

Respuesta a la lectura

Volver a contar

Vuelve a contar *Forma o figura... ¡hasta en la basura!* con tus propias palabras.

Personaje	Pista	Punto de vista

Evidencia en el texto

1. ¿Qué opina Demetrio de su tarea? ¿Cómo lo sabes? **Punto de vista**
2. ¿Cómo se siente la mamá cuando Demetrio le dice que sacó las figuras de la basura? **Punto de vista**
3. ¿Cómo sabes que *Forma o figura... ¡hasta en la basura!* es un texto de ficción realista? **Género**

Haz conexiones

¿Qué forma tienen los objetos que ves a tu alrededor? **Pregunta esencial**

135

CCSS **Género** No ficción

Compara los textos
Lee acerca de las distintas maneras de clasificar objetos y animales.

Clasificamos aquí y allá

Hay cosas **parecidas** y cosas **diferentes**. Para **clasificar** objetos, buscamos en qué se parecen, por ejemplo, el tamaño, la forma o el color.

Clasifica los botones de esta imagen.

¿Cuántos botones redondos hay?
¿Cuántos botones cuadrados hay?
¿Ves alguna otra forma?
Suma el total de botones rojos.
¿Hay más botones rojos o más botones amarillos?
¿Hay botones con cuatro agujeros?
¿De qué otra manera podrías clasificar estos botones?

También podemos clasificar animales.
¡Hay muchas maneras de hacerlo!
¿Qué animales tienen cuatro patas?
¿Qué animales tienen dos patas?
¿Qué animales no tienen patas?
¿Qué animales son de un solo color?
¿Qué animales tienen pelaje?
¿Qué animales son pequeños?

Podemos clasificar animales según su tipo.
¿Qué animales son aves?
¿Qué animales son reptiles?
¿Qué animales son mamíferos?
¿Ves otro tipo de animal?

¡Clasificar es divertido! Clasifica lo que ves en esta imagen. Fíjate qué tienen en común las cosas y los animales.

¿Qué cosas podemos conducir?
¿Qué animales toman leche?
¿Qué animales agitan sus alas para volar?
¿Qué cosas son rayadas?
¿Qué cosas tienen ventanas?
¿Con qué cosas y animales
te gusta jugar?

Hay muchas maneras de clasificar los objetos de esta imagen. ¿Te animas a contar todas las maneras que se te ocurren?

Haz conexiones

¿Cómo podemos clasificar objetos? ¿Cómo podemos clasificar animales?

Pregunta esencial

141

CCSS **Género** Fantasía

¿? **Pregunta esencial**

¿Qué se ve en el cielo?

Lee acerca de cómo un topo consigue pintar los colores que ve en el cielo.

¡Conéctate!

Publicado por primera vez por Ediciones Ekaré, Caracas, Venezuela. © 2002 Ediciones Ekaré. © 2000 Rocío Martínez.

142

Matías
y el color del cielo

Rocío Martínez

143

Matías está **enfurruñado**.

No le salen los colores que **quiere** pintar.

—¿Qué te pasa? —**pregunta** Penélope.

—Quiero pintar el color del cielo, pero está siempre cambiando —protesta Matías.

—¿Puedo ayudarte? —se **ofrece** Penélope.

—Bueno... pero es difícil —contesta Matías.

—Quiero pintar el color del cielo
cuando amanece —dice Matías.

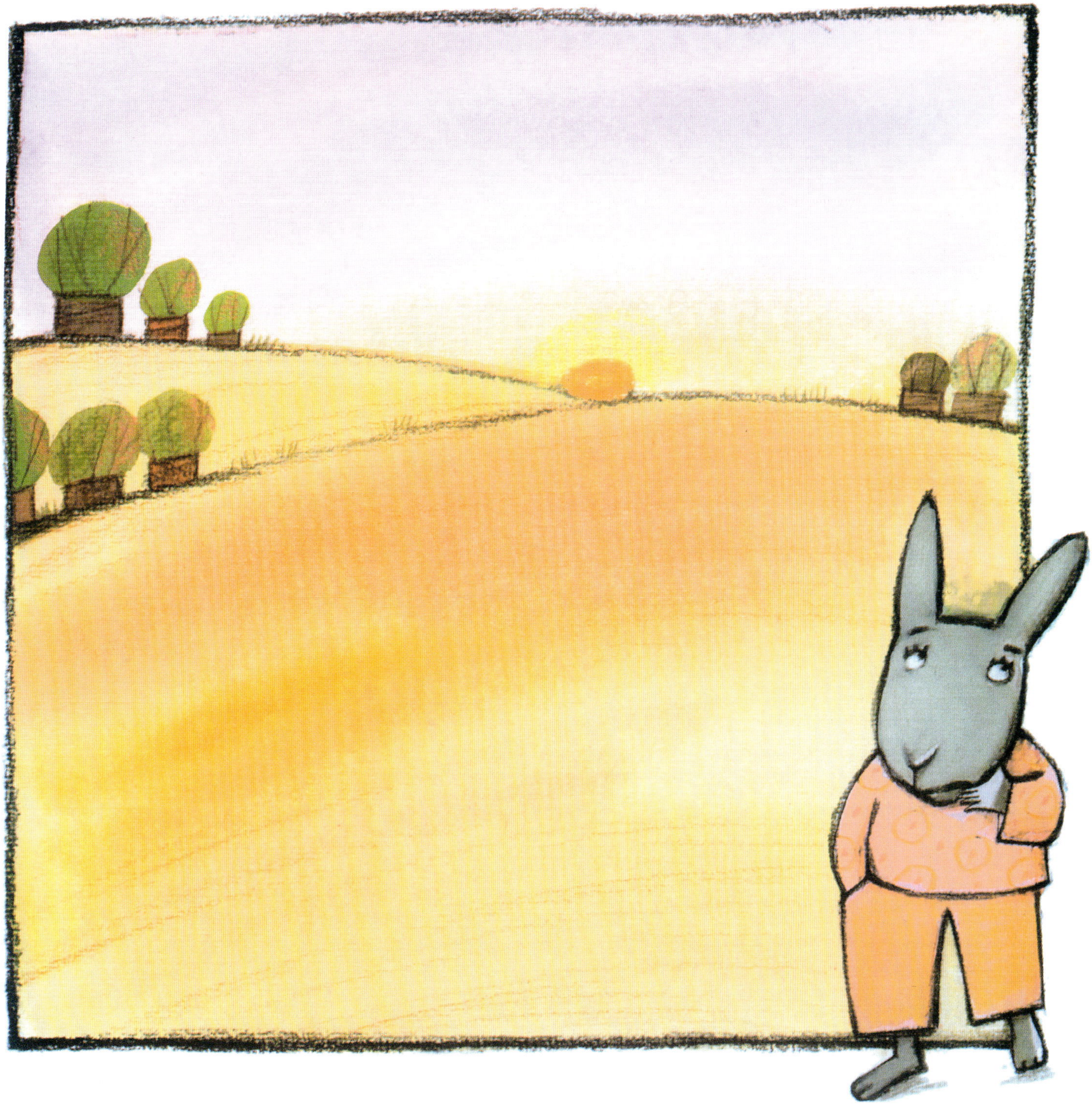

—¿Será como la piel de Juan? —pregunta Penélope.

—¡Sí, de ese color! —dice Matías.

—Ahora quiero pintar el color del cielo cuando el sol está en lo más alto —dice Matías.

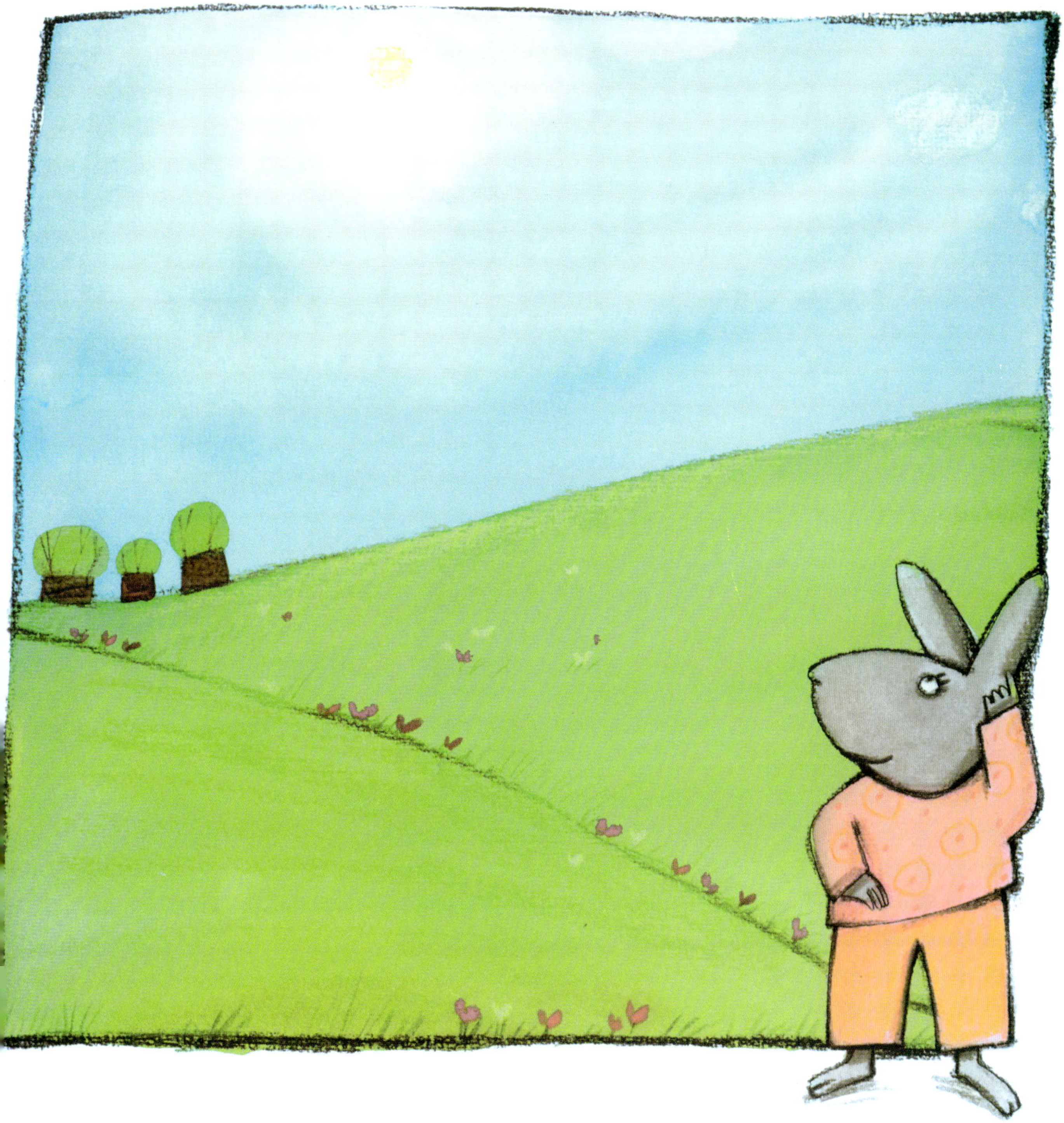

—¿Será como las plumas de los pollitos de Teodora? —pregunta Penélope.

—¡Sí, así es! —contesta Matías.

—Y también me gustaría pintar el cielo nublado, cuando llueve —dice Matías.

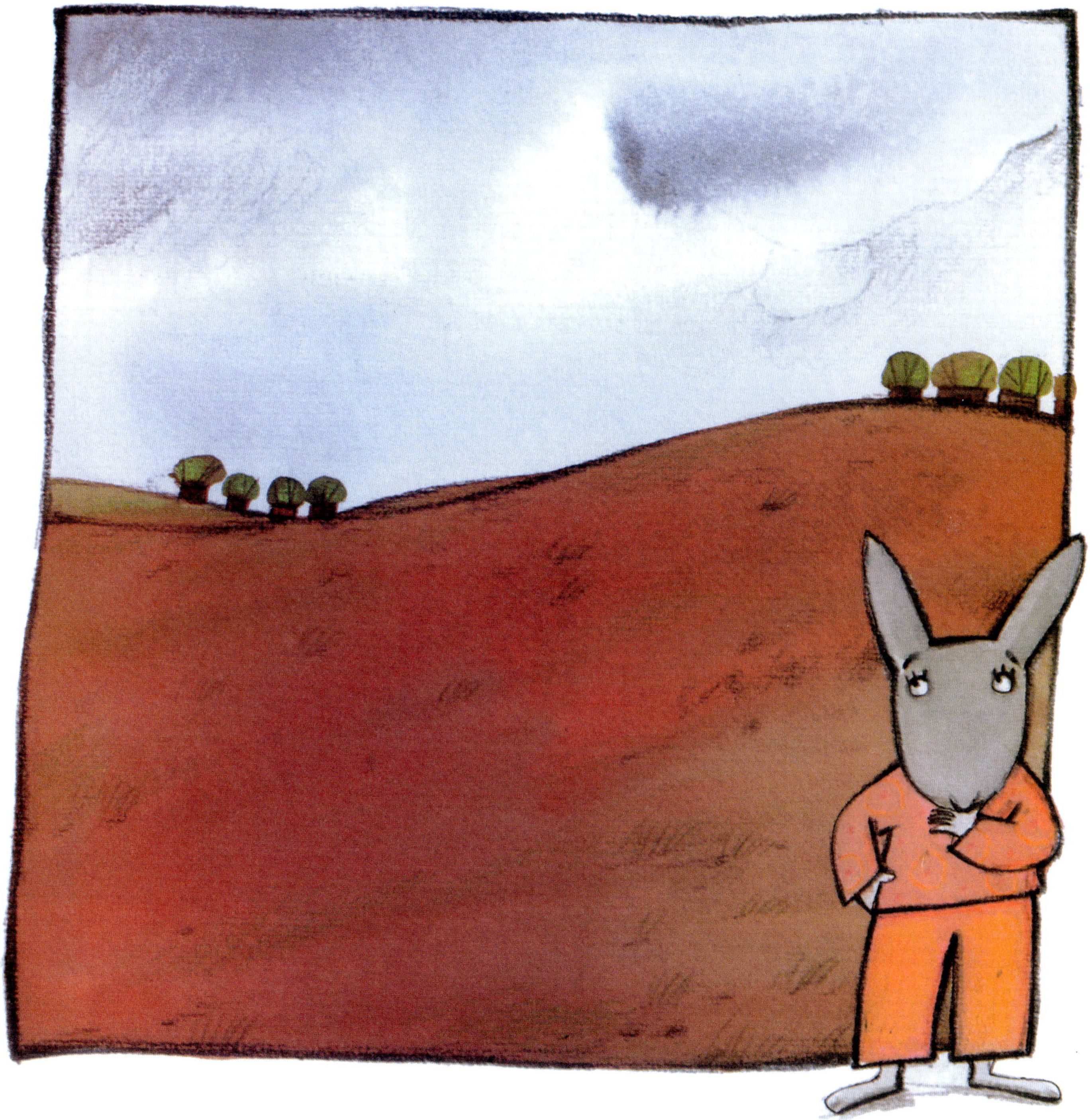

—¿Será como el pelo de Tomasa? —pregunta **otra** vez Penélope.

—¡Sí, es así! —dice Matías.

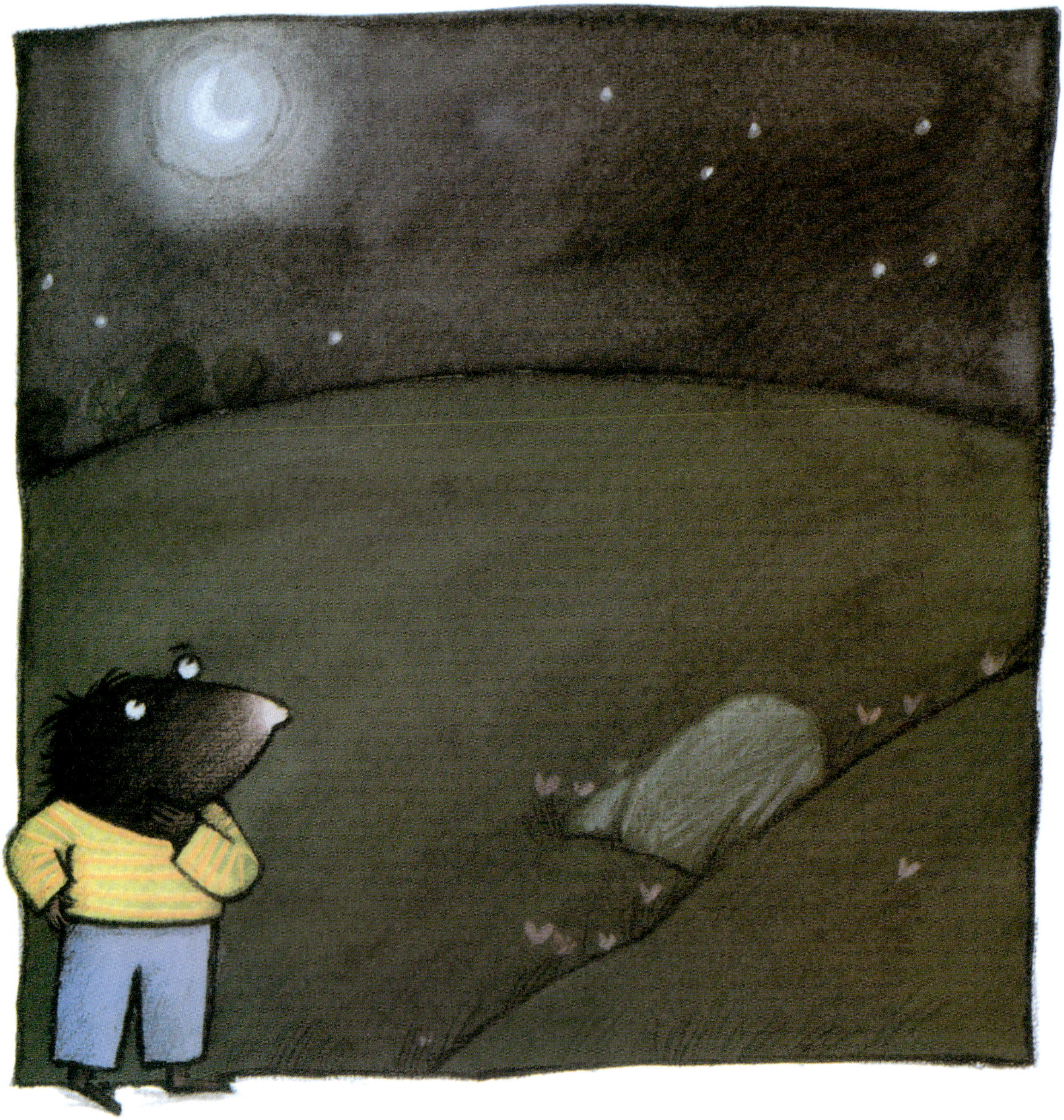

—¿Y **podrás** pintar el color del cielo cuando el sol ya se ha escondido? —pregunta Penélope.

Matías se queda pensativo.

—¡Sí! ¡Claro que sí! —exclama
Matías—. Es el color de mis pelos.

—**Exacto** —contesta Penélope.

"Vaya", **piensa** Matías,

"el cielo tiene mil colores".

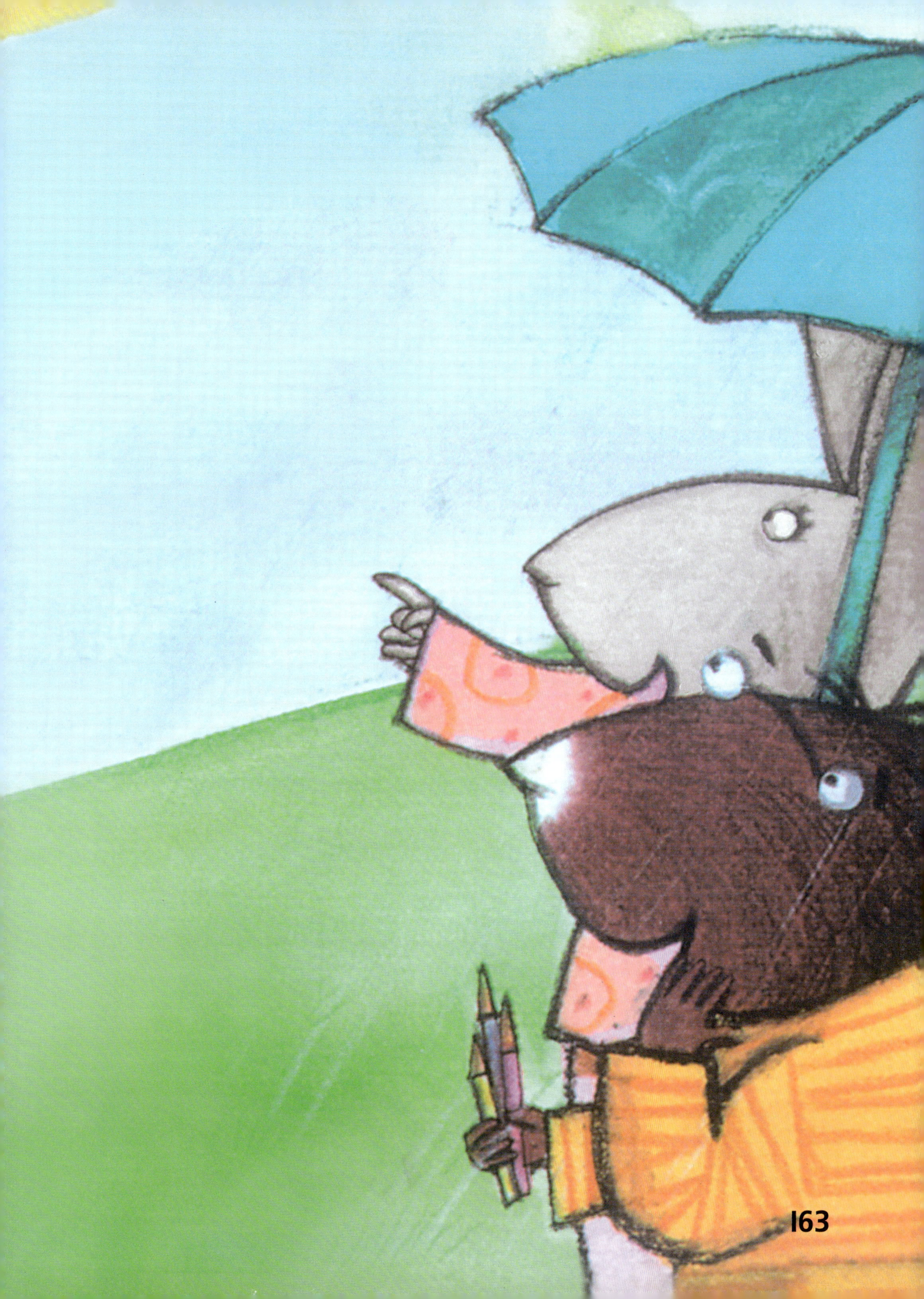

Rocío Martínez y los colores

Rocío Martínez vive en Madrid. Hace ya muchos años que escribe e ilustra libros para niños. Le gusta sentarse a escribir en la terraza de su casa, desde donde puede apreciar cómo cambia el cielo de la ciudad.

Propósito de la autora

Rocío Martínez se inspiró en lo que ve desde su terraza para escribir este divertido libro. ¿Qué ves tú desde tu terraza o desde tu balcón? Escribe un cuento breve.

Respuesta a la lectura

Leer juntos

Volver a contar

Vuelve a contar *Matías y el color del cielo* con tus propias palabras.

Evidencia en el texto

1. ¿Por qué Matías está enfurruñado? **Causa y efecto**
2. ¿Qué pasa cuando Penélope ayuda a Matías? **Causa y efecto**
3. ¿Cómo sabes que *Matías y el color del cielo* es una fantasía? **Género**

Haz conexiones

¿Cómo se ve el cielo desde tu ventana? Dibújalo y escribe algunas oraciones para describirlo. **Pregunta esencial**

CCSS Género No ficción

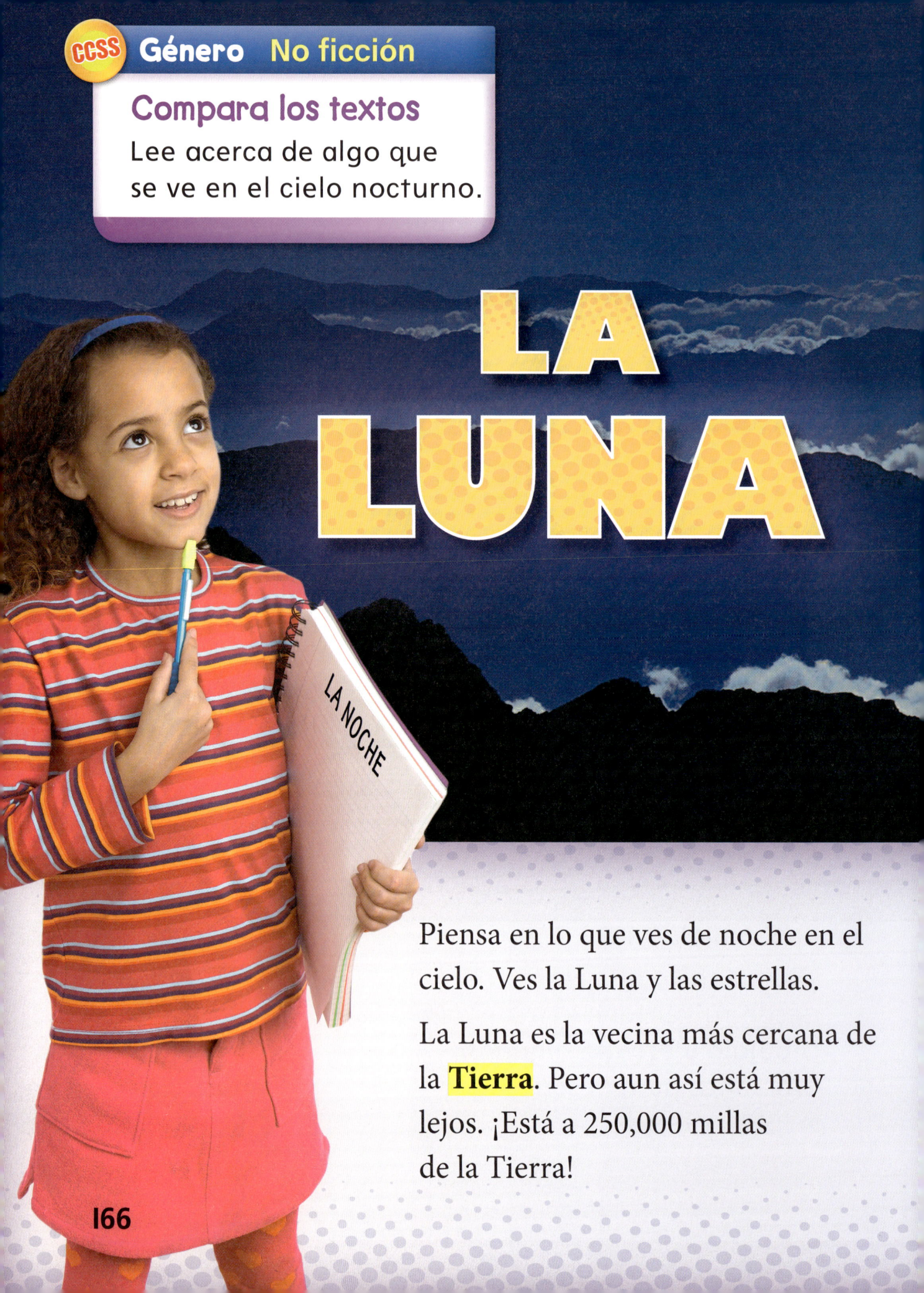

Compara los textos
Lee acerca de algo que se ve en el cielo nocturno.

LA LUNA

Piensa en lo que ves de noche en el cielo. Ves la Luna y las estrellas.

La Luna es la vecina más cercana de la **Tierra**. Pero aun así está muy lejos. ¡Está a 250,000 millas de la Tierra!

La Luna se ve mucho más pequeña de lo que es en realidad, porque está muy lejos de la Tierra.

Algunas noches, la Luna se ve redonda y luminosa. Pero la luz no sale de ella. La luz que ilumina la Luna sale del Sol. La luz del Sol rebota en la Luna y viene hacia la Tierra. Solo vemos la parte iluminada de la Luna que mira hacia la Tierra.

La Luna se ve distinta cada día del mes.

¿Por qué la Luna no se ve siempre redonda?

La Luna gira alrededor de la Tierra. Así, en cada momento una parte distinta recibe la luz del Sol.

Aquí, en la Tierra, solo vemos la parte iluminada de la Luna. Por eso la Luna parece distinta todas las noches.

Con un telescopio, la Luna se ve mejor.

Hace mucho tiempo no se sabía de qué estaba hecha la Luna. Mucha gente veía figuras dibujadas en ella.

Con el **telescopio**, la Luna se pudo ver mejor. Ahora se ven sus colinas, sus llanuras y sus cráteres. ¡Los cráteres son pozos enormes!

En 1961, unos astronautas llegaron cerca de la Luna. En 1969, otros astronautas caminaron por la Luna. ¡La vieron desde muy cerca!

En la Luna no crece nada. El suelo es muy rocoso. Los astronautas tomaron rocas de la Luna y las trajeron a la Tierra.

¡Tal vez un día tú también vayas a la Luna!

Los astronautas llegaron a la Luna en 1969.

Haz conexiones

¿Qué colores podría usar Matías para pintar la Luna después de haber pintado el cielo en *Matías y el color del cielo*? **Pregunta esencial**

CCSS Género **Biografía**

Pregunta esencial

¿Qué inventos conoces?

Lee acerca del inventor Thomas Edison.

¡Conéctate!

Thomas Edison, inventor

David A. Adler
ilustrado por
Sarah Snow

173

Capítulo 1

Tom Edison era un niño muy curioso. Siempre tenía alguna pregunta en la punta de la lengua. Cuando le respondían "No sé", hacía una pregunta más: "¿Por qué no lo sabes?". También hacía muchos experimentos para investigar **cualquier** cosa que le interesara.

Un día vio que una gansa empollaba huevos. Y luego vio a las crías rompiendo el cascarón. Quiso saber qué pasaría si él empollaba los huevos.

Entonces, hizo un nido. Puso huevos de ganso y de gallina. Se sentó encima… y de inmediato entendió lo que pasaba. ¡CRAC!

175

Tom sabía que los pájaros comían gusanos, y también sabía que podían volar. ¿Qué pasaría si una persona comiera gusanos? ¿También volaría?

Le dio a una niña un vaso de agua con gusanos picados. Ella lo tomó y tuvo que ir al **doctor**. Pero no voló…

Tom Edison, ese niño curioso que se pasaba el día haciendo experimentos **inusuales**, se convirtió en un inventor que cambió el mundo con sus ideas.

Tom Edison nació en 1847, en Milan, Ohio. Era el menor de los siete hijos de Sam y Nancy Edison.

Sam tenía un aserradero. Nancy había enseñado en una escuela. Cuando Tom tuvo un problema con su **maestro**, la mamá empezó a darle clases en casa.

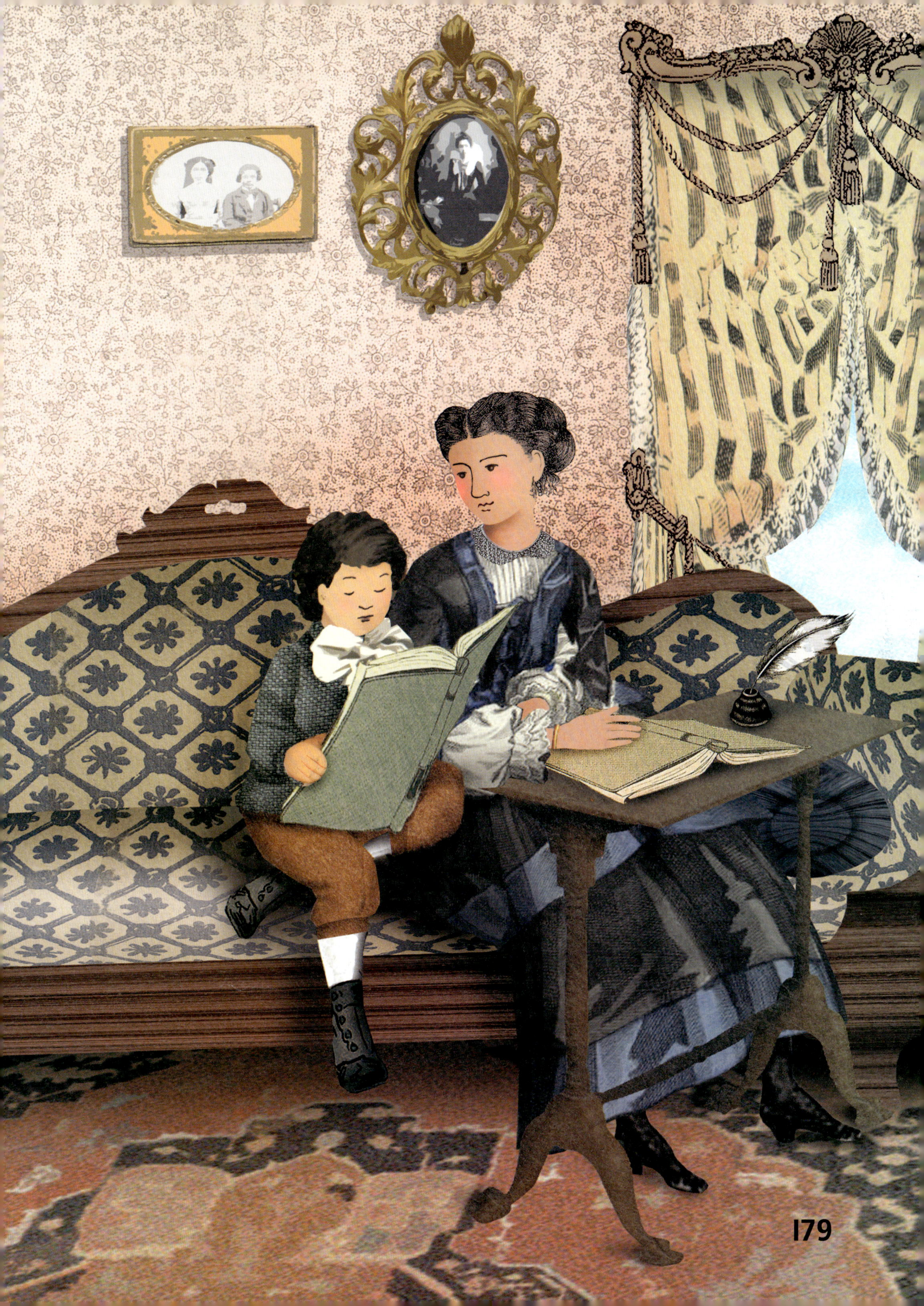

Capítulo 2

El joven Tom hacía casi todos sus experimentos en el sótano de su casa. Allí guardaba muchas botellas llenas de sustancias químicas. Como no le gustaba que nadie las tocara, se le ocurrió una idea. Escribió "veneno" en todas las botellas. Tal como era de **prever**, nadie se les acercó.

En la casa de los Edison, siempre había humo, olores raros y ruidos fuertes. Todo eso venía de los experimentos que Tom hacía en el sótano.

Tom necesitaba dinero para comprar sustancias químicas y otros materiales. Por eso, consiguió trabajo a los doce años: se puso a vender periódicos y golosinas en el tren. A los quince, empezó a escribir y vender su **propio** periódico para viajeros. Lo llamó *Grand Trunk Herald*.

Tom escribía noticias sobre personas que conocía en el tren. También escribía sus opiniones sobre el trabajo. Una vez escribió: "Cuanto más hay que hacer, más se hace". A Tom le encantaba tener mucho que hacer. En el tren, siempre estaba muy ocupado. Incluso montó un laboratorio en el vagón de equipaje.

Tom creció y siguió haciendo maravillas. En aquella época no había teléfonos. Los mensajes se enviaban a **través** del telégrafo, mediante un código de puntos y rayas.

Tom estudió ese código. En un trabajo que tuvo, enviaba y leía ese tipo de mensajes. Se le ocurrieron nuevos usos para el telégrafo. Y así empezó a dar rienda suelta a sus inventos.

Capítulo 3

Años más tarde, Tom se convirtió en inventor. Inventó muchas cosas útiles.

En aquellos tiempos se usaban faroles a gas para iluminar casas y calles. A veces esos faroles llenaban las habitaciones de humo. ¡Y en algunos casos incendiaban casas enteras!

Tom estaba seguro de que podía inventar un mejor sistema. Entonces, empezó a hacer experimentos con la luz eléctrica. Tuvo tantas ideas que llenó más de cien cuadernos.

Por fin, después de más de un año de trabajo, logró inventar una luz más segura.

Tom dijo: "La luz eléctrica es la luz del futuro. Y será mi luz".

La luz de Edison fue una novedad. Llegaba gente de todas partes a verla. Y apenas la veía, quería tenerla en su casa. La luz de Tom iluminó **nuestro** planeta.

A lo largo de su vida, Tom Edison inventó cosas maravillosas. Con sus inventos, ayudó al mundo entero.

Álbum de fotos de Thomas Edison

Thomas Alva Edison a los 15 años.

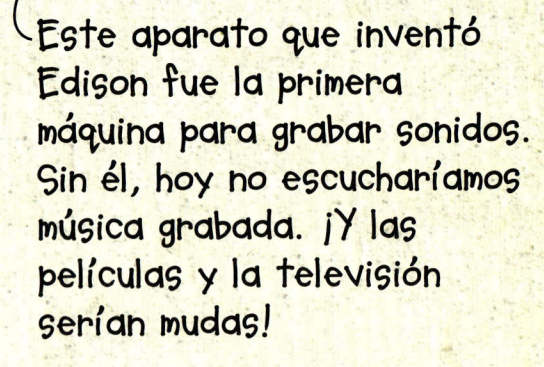

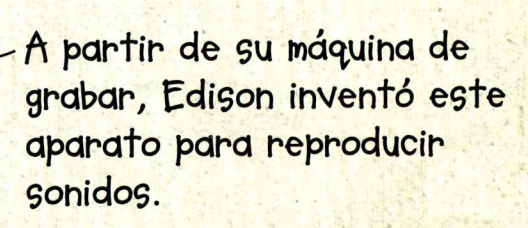

Este aparato que inventó Edison fue la primera máquina para grabar sonidos. Sin él, hoy no escucharíamos música grabada. ¡Y las películas y la televisión serían mudas!

A partir de su máquina de grabar, Edison inventó este aparato para reproducir sonidos.

La lamparita de Edison se parece a la que usamos hoy en día.

Thomas Edison en su laboratorio de Menlo Park, en Nueva Jersey.

Edison inventó una máquina para mirar películas. ¡Ese fue el comienzo del cine!

189

David A. Adler y los inventos

David A. Adler dice: "Me encanta escribir. Gracias a la bombilla de luz que inventó Tom Edison, puedo escribir hasta después de que cae el sol".

David Adler escribió toda clase de textos de ficción y no ficción para niños. En especial, le gusta escribir biografías de personas que hicieron cosas de las que los niños pueden aprender mucho.

Propósito del autor

David A. Adler quería escribir sobre lo curioso que era Tom Edison de pequeño. Piensa en algo que te dé curiosidad. Escribe la pregunta que tienes en mente y cómo podrías encontrar la respuesta.

Respuesta a la lectura

Volver a contar

Vuelve a contar con tus propias palabras "Thomas Edison, inventor".

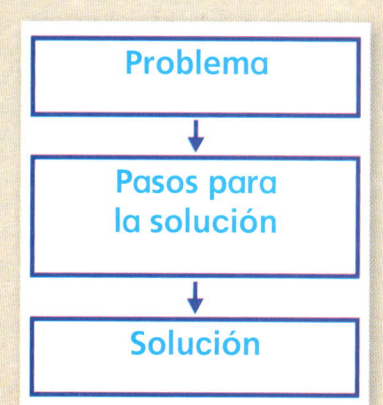

Problema
Pasos para la solución
Solución

Evidencia en el texto

1. ¿Qué hizo Tom cuando necesitaba dinero para comprar sustancias químicas? **Problema y solución**

2. ¿Qué problema había con los faroles a gas que se usaban para iluminar casas y calles? ¿Cómo resolvió Tom el problema? **Problema y solución**

3. ¿Cómo sabes que "Thomas Edison, inventor" es una biografía? **Género**

¿? Haz conexiones

¿De qué manera la luz eléctrica hace que tu vida sea mejor? **Pregunta esencial**

191

CCSS Género Poesía

Compara los textos
Lee acerca de dos inventos que conoces bien.

192

La bicicleta

Por la carretera,
geometría alegre
de las bicicletas:
rueda, rueda, rueda…

Por la cuesta arriba,
duro a los pedales:
tira, tira, tira…

Por la cuesta abajo
—chopos que se alejan
a uno y otro lado—…
vuela, vuela, vuela…

Ángela Figuera Aymerich

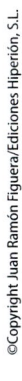

Doña Tijera

Ya llega doña Tijera
con sus brazos afilados,
y así corta que recorta
mi flequillo desmechado.

Ya llega doña Tijera
con sus cortantes maneras,
y así poda que repoda
mi crecida cabellera.

Ya se va doña Tijera.
¿Y cuándo vendrá otra vez?
Si depende de mi pelo,
más o menos en un mes.

Matías Gómez

Leer juntos

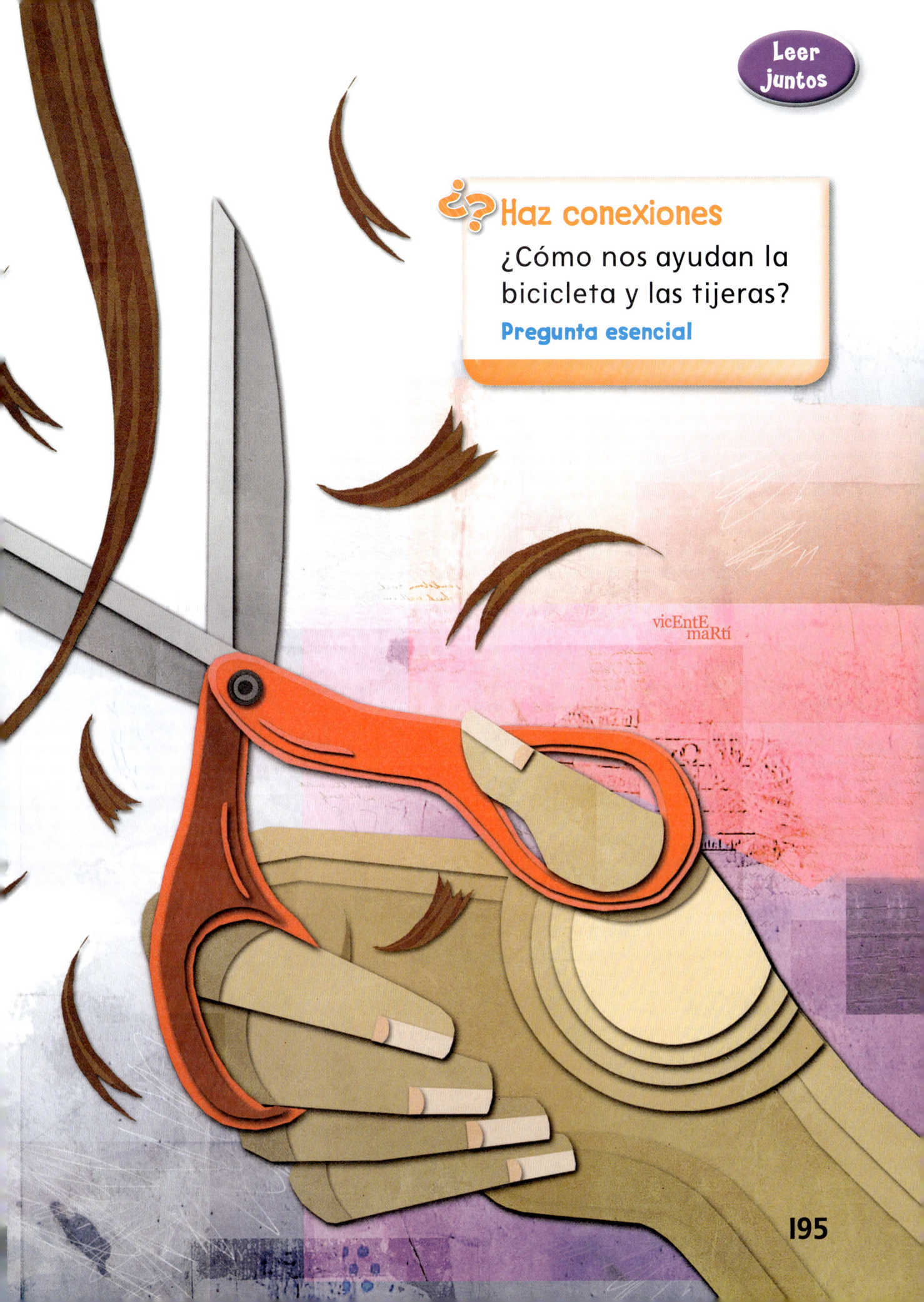

¿? Haz conexiones

¿Cómo nos ayudan la bicicleta y las tijeras?

Pregunta esencial

vicEntE maRtí

195

Género Ficción realista

Pregunta esencial

¿Qué sonidos escuchas?
¿De dónde vienen?

Lee acerca de los sonidos que escucha una niña cuando pasea con su perra.

¡Conéctate!

196

Hoy vamos al parque

Aída Marcuse   ilustrado por Benny Jackson Flores Sánchez

Cerca de casa, en el pueblo, hay un parque.

—*Guau, guau*. —Mi perra Trina me trae su correa.

—Sí, hoy vamos a pasear allí —le digo.

Durante el **camino** oímos muchos sonidos.

El primero que escucho es el *rom, rom, rom* que hacen los motores de los autos que pasan por la calle.

La radio de un auto toca una canción que me gusta mucho.

—*Tarari la ra, tra la la* —la tarareamos mi hermana y yo.

Llegamos al parque y vemos a varios niños que juegan al fútbol.

—¡Ven, juega con nosotros! —me invitan.

Trina también quiere jugar.

Corre tras la pelota, salta en el aire, cabecea y...

—¡Trina mete un gol!

¡GOOOL!

En ese momento oigo un *chis chas*, *chis chas*. Miro todo lo que hay a mi alrededor. El ruido lo hace un fuerte viento que agita los árboles. Se acercan nubes oscuras y va a llover.

De pronto, comienza el aguacero y desde el suelo el agua nos saluda con un *glu, glu, glu*.

A Trina le gusta saltar en el agua. Pero debemos dar una larga carrera para buscar refugio. Mis zapatos hacen *chap*, *chap* cuando chapoteo en el agua.

Todavía no podemos seguir y nos tenemos que proteger de la tormenta.

Pasa la tormenta y **nuevamente** hace buen tiempo. Seguimos el paseo con Trina. Ella se para a oler todas las flores que ve en el suelo *snif*, *snif*.

Cuando seguimos camino hacia el lago,
veo jugando a unos niños pequeños.
Saltan a la cuerda y cantan:

—*Pío, pío, pío,*
dicen los pollitos,
pico bajo el ala,
pues hoy hace frío.

Después vienen a acariciar a Trina.

—¡Es muy bonita! —dice uno.

—¿Cómo se llama? —pregunta otro.

Hablan todos a la vez y no hay **manera** de contestarles.

Trina los saluda dándole la pata a cada uno.

Llegamos al lago y vemos a una pata con sus tres patitos.

La pata los llama *cua*, *cua* y los patitos nadan rápido hacia ella. Es muy **gracioso** verlos nadar y nos reímos mucho.

—¡Vamos a casa! —llamo a Trina.

Pasamos por un campo para cortar camino.

Vemos un árbol lleno de pajaritos que cantan *pío, pío, pío*.

Mi hermana abre la puerta y la llave hace *clic*, *clac* al girar.

De la cocina llega un olor delicioso.

—*Mmmmm*, ¡qué rico! ¡Mamá hizo un pastel!

—*Guau guau.* —Trina también quiere un pedazo.

—Toma, aquí tienes una galleta para perros —le digo, y ella sacude la cola—. Sí, ¡mañana vamos al parque otra vez!

De paseo con Aída

A **Aída Marcuse** le gusta mucho viajar y pasear por los parques de las ciudades que visita. Uno de sus mayores placeres es descubrir árboles, plantas, flores y pájaros que no conoce, ver sus colores y escuchar los ruidos que hace cada uno.

Propósito de la autora

Aída Marcuse quería escribir una historia que nos hiciera pensar en los muchos sonidos que nos rodean pero no escuchamos. Presta atención. ¿Escuchas algún sonido que antes no habías notado?

Respuesta a la lectura

Volver a contar

Vuelve a contar "Hoy vamos al parque" con tus propias palabras.

Evidencia en el texto

1. ¿Qué problema tienen la niña y su perra cuando comienza el aguacero? **Problema y solución**
2. ¿Qué hacen para solucionar su problema? **Problema y solución**
3. ¿Cómo sabes que "Hoy vamos al parque" es una ficción realista? **Género**

Haz conexiones

¿Qué sonidos podía escuchar la niña durante su paseo por el parque?
Pregunta esencial

Género Instrucciones

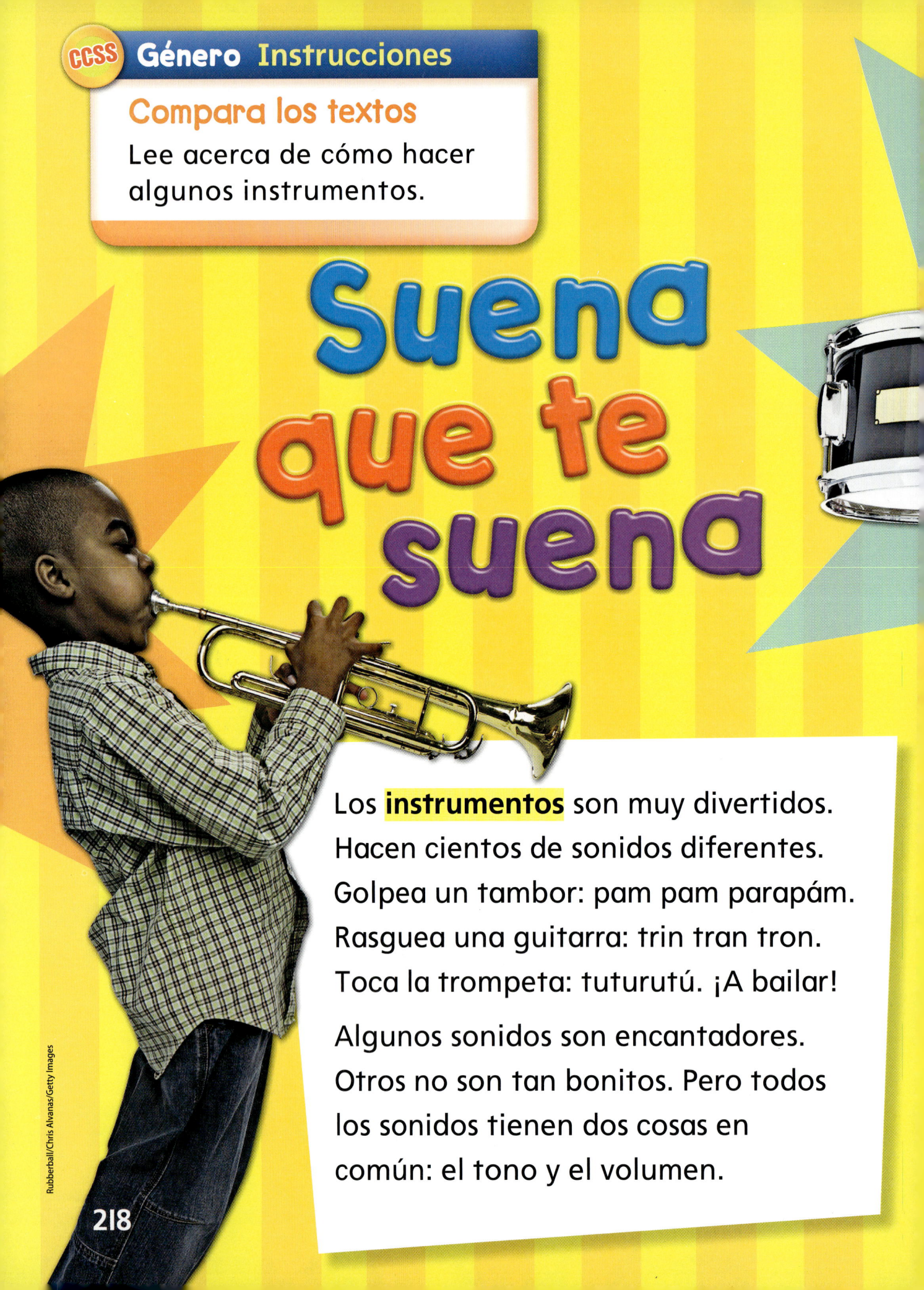

Compara los textos
Lee acerca de cómo hacer algunos instrumentos.

Suena que te suena

Los **instrumentos** son muy divertidos. Hacen cientos de sonidos diferentes. Golpea un tambor: pam pam parapám. Rasguea una guitarra: trin tran tron. Toca la trompeta: tuturutú. ¡A bailar!

Algunos sonidos son encantadores. Otros no son tan bonitos. Pero todos los sonidos tienen dos cosas en común: el tono y el volumen.

El **tono** de un sonido puede ser agudo o grave. Cuando silbas para llamar a un perro, ese sonido es agudo.

El **volumen** es la potencia de un sonido. Cuando alguien te susurra algo al oído, ese sonido tiene volumen bajo.

Tú también puedes hacer sonidos divertidos. Haz estos instrumentos y forma una banda.

Cómo hacer una guitarra

Materiales

- caja vacía de pañuelos de papel
- elásticos
- cinta para pegar
- regla

Pasos a seguir

1. Estira entre cuatro y seis elásticos a lo largo de la caja.
2. Pega la regla con cinta en la parte trasera de la caja.
3. Decora la guitarra.
4. Rasguea o puntea los elásticos.

Cómo hacer una maraca

Materiales

- botella de plástico
- frijoles secos
- figuritas adhesivas

Pasos a seguir

1. Coloca los frijoles dentro de la botella.
2. Decora la botella con figuritas adhesivas.
3. Sacúdela con ritmo.

Ya puedes hacer muchos sonidos. Ahora… ¡a divertirte!

Haz conexiones

¿En qué se diferencian los sonidos? ¿Qué sonidos puedes hacer?
Pregunta esencial

CCSS | Género **No ficción** | TIME FOR KIDS

¿? Pregunta esencial

¿Cómo se construyen las cosas?

Lee acerca de distintas clases de puentes.

¡Conéctate!

Puentes por todas partes

¿Cuántas clases de puentes hay? ¿Cómo se construyen? Averigüémoslo.

1,125 pies

Los puentes se usan para cruzar de un lugar a otro. Se pueden construir en tierra o sobre el agua. Pueden medir varias millas o unos pocos pies de largo.

Veamos algunos de los puentes más interesantes del mundo.

Este puente, en Francia, atraviesa un gran valle. ¡Es el puente más alto del mundo!

223

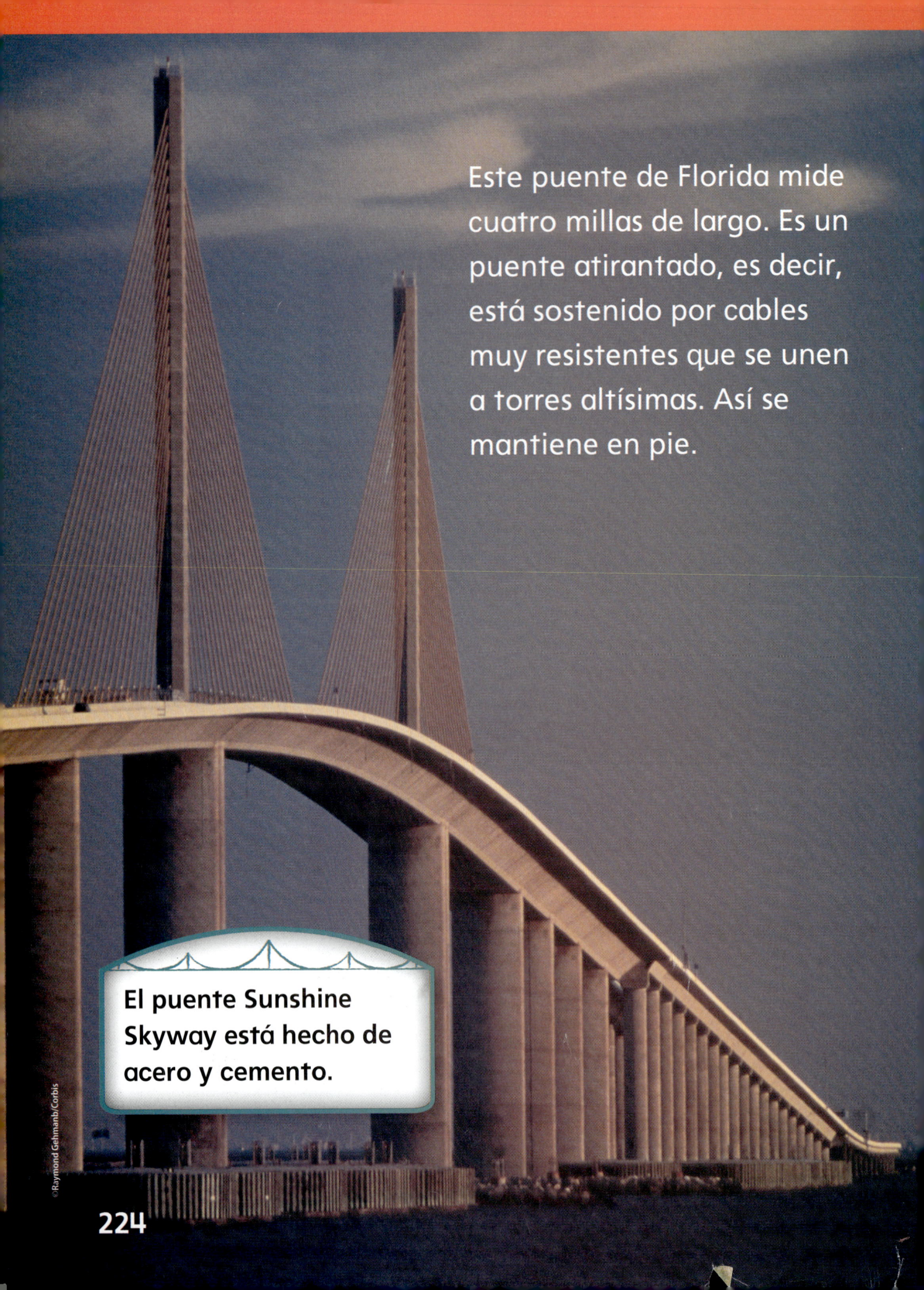

Este puente de Florida mide cuatro millas de largo. Es un puente atirantado, es decir, está sostenido por cables muy resistentes que se unen a torres altísimas. Así se mantiene en pie.

El puente Sunshine Skyway está hecho de acero y cemento.

Este puente se hizo en la antigüedad, hace más de 2,000 años.

Un puente en arco es como una "U" invertida. Mira este viejo puente que se levanta en un **pueblo** italiano. Tiene dos arcos grandes que dejan pasar los botes. Los dos arcos se hicieron de igual tamaño para **lograr** el **equilibrio**. Como está hecho de ladrillos, este puente es muy sólido.

El puente Firth of Forth está hecho de acero.

Este puente de Escocia es un puente de armadura. Está construido sobre un río. De **frente**, se ven unos triángulos enormes que unen las **secciones** del puente. La carretera se apoya sobre los tubos de estos triángulos.

Este puente colgante está en California. Hay que pagar peaje para cruzarlo en carro. Está hecho de cables de acero sostenidos por torres. ¿Sabes por qué está pintado de un color tan chillón? Los arquitectos querían que el puente se viera a través de la neblina. Por eso lo pintaron de naranja.

El puente Golden Gate es un símbolo **importante** de Estados Unidos.

El puente Rolling Bridge está estirado para que crucen los peatones.

Este puente de Londres, Inglaterra, es una **obra** muy original. ¿Sabes qué sucede cuando se acerca un bote? El puente se levanta y se enrolla para que el bote pase.

Hay muchas clases de puentes. ¿Cómo será el **próximo** que se construya?

Cuando se acerca un bote, el puente empieza a enrollarse.

El puente está enrollado.

Respuesta a la lectura

1. ¿Qué sucede cuando tiene que pasar un bote bajo el puente Rolling Bridge? **Causa y efecto**
2. ¿Por qué el puente Golden Gate está pintado de naranja? **Causa y efecto**
3. ¿Cómo sabes que "Puentes por todas partes" es un texto de no ficción? **Género**
4. ¿Qué es lo que nunca cambia en la construcción de puentes? **Pregunta esencial**

Género No ficción

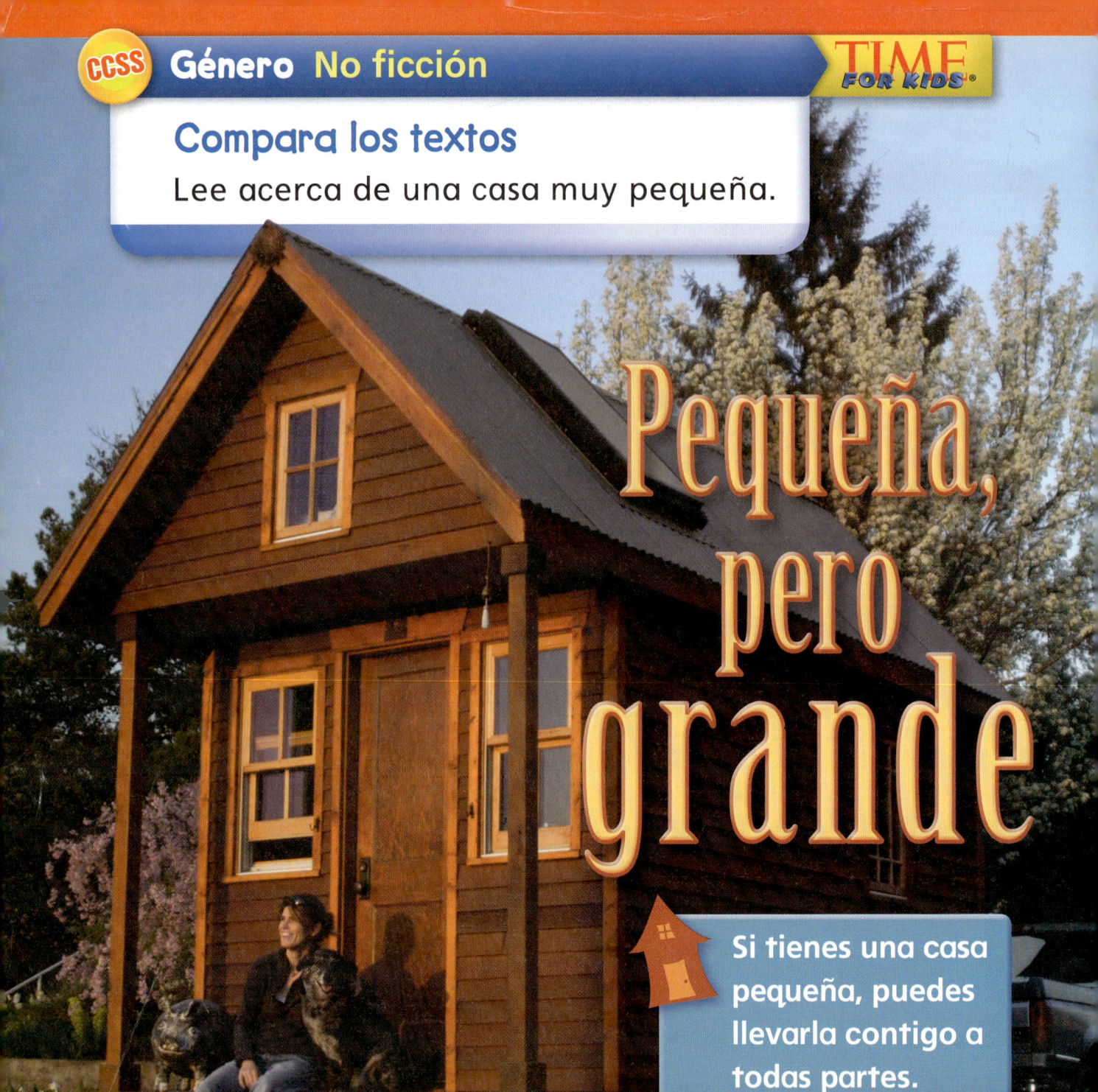

Compara los textos
Lee acerca de una casa muy pequeña.

Pequeña, pero grande

Si tienes una casa pequeña, puedes llevarla contigo a todas partes.

Mucha gente vive en casas muy pequeñas. En realidad, estas casas se ven pequeñas por fuera pero son grandes por dentro. La casa de la foto tiene un dormitorio y un baño.

La dueña sube una escalera y llega a su cuarto.

En su pequeña cocina, tiene todo lo que necesita.

Las casas pequeñas se hacen en poco tiempo. No cuestan mucho dinero. Tampoco consumen mucha energía ni demasiados materiales. ¡Son ecológicas!

¿? Haz conexiones

Si tuvieras una casa pequeña, ¿qué tendrías dentro? **Pregunta esencial**

231

CCSS **Género** Biografía

Pregunta esencial

¿Cómo podemos trabajar juntos para mejorar nuestras vidas?

Lee acerca de una mujer que ayudó a su comunidad contando cuentos a los niños.

¡Conéctate!

Los cuentos de Pura

Georgina Lázaro
ilustrado por Israel Ramírez

Cuentacuentos

Había una vez una niña
—una vez y dos son tres—
a quien llamaban Purita.
¿Su nombre? Pura Belpré.

Vivía en el pueblo de Cidra,
un lugar verde y muy chico,
en el centro de una isla
muy pequeña, Puerto Rico.

Le gustaba, por las noches,
el sonido del coquí
y al amanecer el canto
de **varios** qui-qui-ri-quís.

Le gustaba **abrir** los ojos
a la luz del nuevo día:
arco iris de colores,
aromas y melodías.

Jugaba por las montañas
y se bañaba en el río.
Correteaba por la hierba
empapada de rocío.

Gozaba al mirar las nubes
tan blancas y suavecitas
y verlas formar figuras
y recoger margaritas.

Le encantaba ver las palmas
meciéndose con el viento
y lo que más le gustaba
era escuchar algún cuento.

Se sentaba con su abuela,
contadora de ilusiones,
muy atenta a sus historias
sus poesías y sus canciones.

Cucarachita Martina,
Ratón Pérez y Juan Bobo.
Cenicienta, Blancanieves,
Caperucita y el lobo.

Pero un día dejó su campo
y se fue a la capital.
Se mudó con su familia
a una casita en San Juan.

Allí creció y estudió
y una radiante mañana
viajó hacia Nueva York
a la boda de su hermana.

La ciudad, grande y distinta,
con toda su **actividad**,
produjo en Pura un afecto
muy difícil de **explicar**.

Tantos taxis amarillos,
edificios muy, muy altos,
por las calles tanta gente,
puentes, trenes subterráneos…

En invierno, ¡**cuánto** frío!,
tanto calor en verano,
la primavera tan bella
y el otoño tan dorado.

El sonido del inglés,
tanta, tanta, tanta acción,
como si alguna **emergencia**
causara la agitación.

Fue así que quiso quedarse
en esa enorme ciudad
para estar junto a su hermana
y su vida mejorar.

Entonces buscó un trabajo
en un taller de costura.
Y aprendió a hablar inglés
sin olvidar sus lecturas.

Leía mucho de todo:
cuentos, novelas, poesías.
Leer llenaba su alma.
Leer llenaba sus días.

Quiso mejorar su vida.
La lucha fue necesaria.
Con mucho esfuerzo estudió
y se hizo bibliotecaria.

Trabajó junto a los niños
con mucha alegría y pasión.
Les leía muchos cuentos
en inglés y en español.

Para entonces se **exigía**
que el cuento que se contara
fuera parte de algún libro
y ella esa norma **aceptaba**.

Pero ella quería narrar
aquellos cuentos de antes
los que contaba su abuela
tan lindos y emocionantes.

Y un día se lo permitieron
y entonces se convirtió
en una gran narradora
que todo lo renovó.

Con su voz clara y profunda
y su mirada radiante,
con su sonrisa tan dulce
pudo seguir adelante.

Fue una artista de títeres,
y autora de libros bellos
que aún guardan en sus páginas
los cuentos de su recuerdo.

Los cuentos de Georgina Lázaro

Georgina Lázaro dice: "Crecí admirando la labor social que hizo Pura Belpré por la comunidad en que vivió. Quise escribir este cuento para compartir esta admiración con las nuevas generaciones de lectores".

Georgina

Propósito de la autora

Georgina Lázaro quería escribir una biografía acerca de una gran mujer que trabajó por su comunidad. Haz un dibujo de alguien que trabaje por tu comunidad.

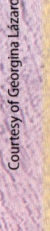

Respuesta a la lectura

Volver a contar

Vuelve a contar "Los cuentos de Pura" con tus propias palabras.

Pista
Pista
Pista
Tema

Evidencia en el texto

1. ¿Cómo los cuentos de Pura ayudaron a los niños de su comunidad? **Tema**
2. ¿Qué hizo Pura cuando llegó a Nueva York? **Tema**
3. ¿Cómo sabes que "Los cuentos de Pura" es una biografía? **Género**

Haz conexiones

¿Qué actividades ayudan a mejorar la vida de los niños de tu comunidad? **Pregunta esencial**

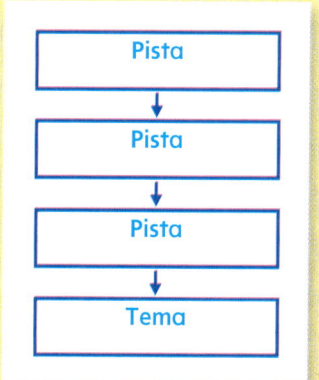

CCSS Género No ficción

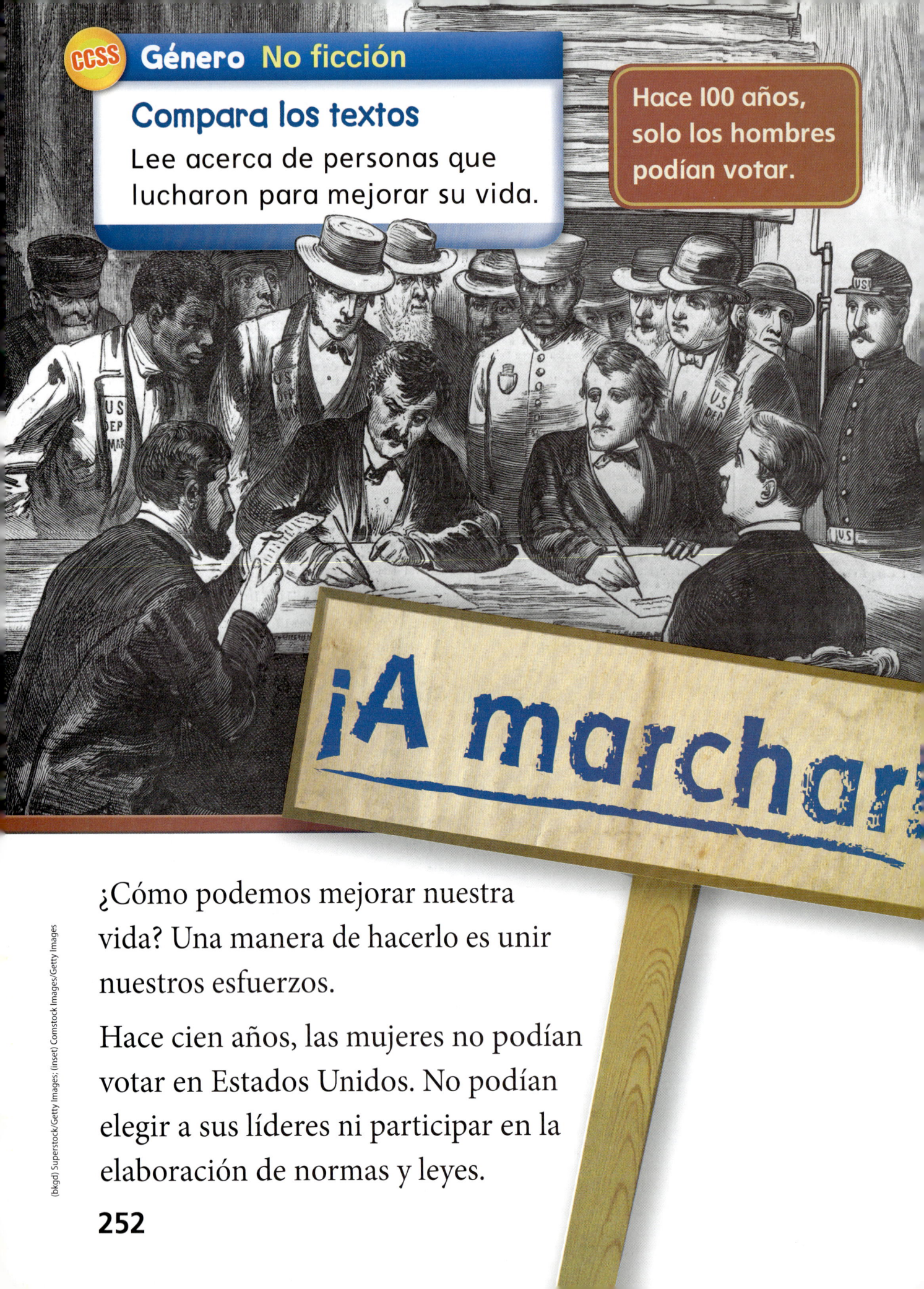

Compara los textos
Lee acerca de personas que lucharon para mejorar su vida.

Hace 100 años, solo los hombres podían votar.

¡A marchar!

¿Cómo podemos mejorar nuestra vida? Una manera de hacerlo es unir nuestros esfuerzos.

Hace cien años, las mujeres no podían votar en Estados Unidos. No podían elegir a sus líderes ni participar en la elaboración de normas y leyes.

Muchas mujeres y muchos hombres pensaban que no era justo. Por eso decidieron unirse para **protestar**. Marcharon, dieron discursos y alzaron carteles. Todo el mundo escuchó lo que decían. En 1920, las mujeres consiguieron el **derecho** a votar.

Las mujeres consiguieron el derecho a votar en 1920.

En algunos lugares, los afroamericanos no podían sentarse a almorzar con los ciudadanos blancos.

Durante muchos años, los afroamericanos no tuvieron los mismos derechos que el resto de los estadounidenses: no los contrataban en determinados trabajos ni les permitían comprar en algunas tiendas. También había escuelas que no aceptaban niños afroamericanos.

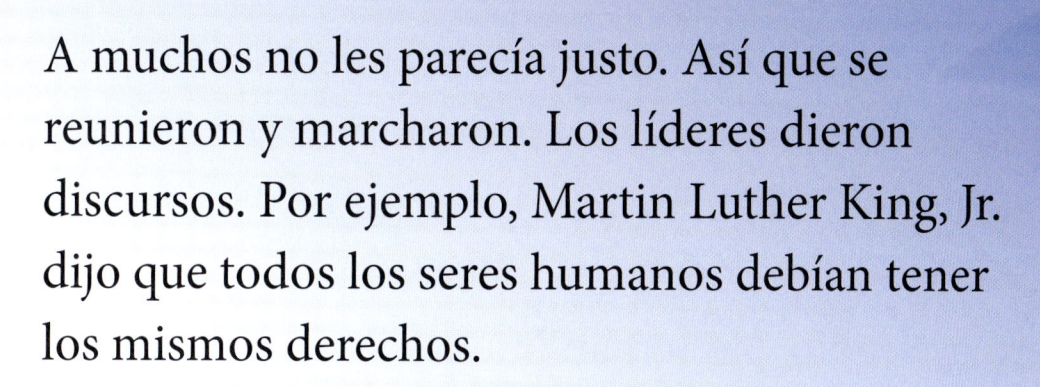

A muchos no les parecía justo. Así que se reunieron y marcharon. Los líderes dieron discursos. Por ejemplo, Martin Luther King, Jr. dijo que todos los seres humanos debían tener los mismos derechos.

La gente escuchó. Se aprobaron leyes que garantizaban **igualdad** para todas las personas.

Llegó gente de todas partes para manifestarse en apoyo a la igualdad de derechos.

En la década de 1960, gran parte del país se manifestó para ayudar a los trabajadores rurales. Muchos de ellos habían venido a Estados Unidos para recoger cosechas, pero obtenían poco dinero a cambio. No tenían buenas viviendas ni podían mandar a sus hijos a la escuela.

Los trabajadores rurales recogían cosechas por muy poco dinero.

La gente se unió para cambiar esa situación. Líderes como César Chávez organizaron a los trabajadores. Junto a ellos marcharon personas de todo el país. Los dueños de las tierras los escucharon. Aumentaron la paga de los trabajadores y les dieron mejores viviendas. ¡Si nos unimos, podemos mejorar nuestra vida!

Haz conexiones
¿En qué se parecen Pura Belpré y los protagonistas de "¡A marchar!"? **Pregunta esencial**

César Chávez organizó a los trabajadores rurales para luchar por mejores condiciones de vida.

CCSS Género No ficción

Pregunta esencial

¿Quién te ayuda?

Lee acerca de una niña que se parece mucho a ti.

¡Conéctate!

Un día con Rosina

George Ancona

¡Hola! Me llamo

Rosina

Soy sordomuda. Por eso hablo con las manos y los brazos.

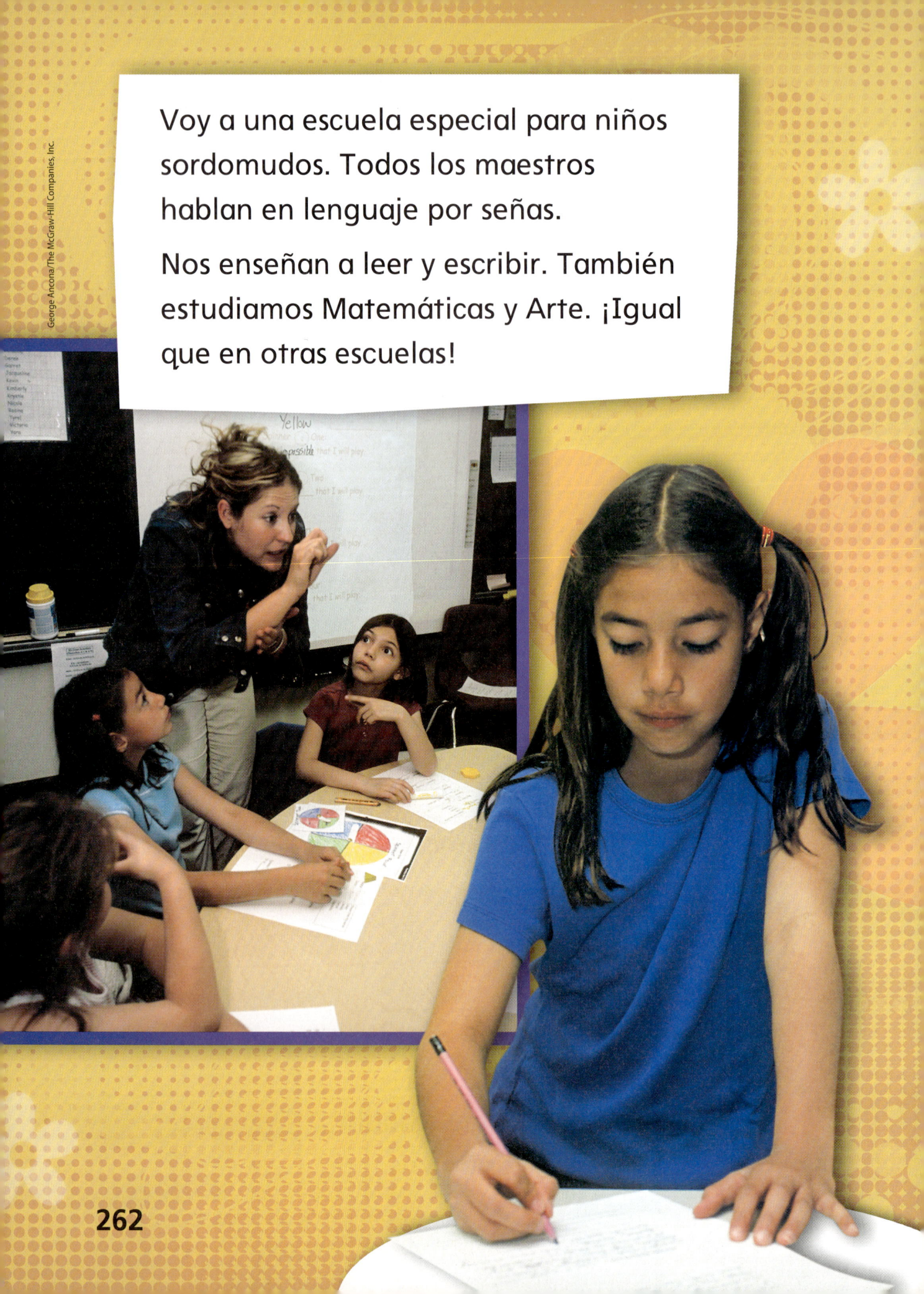

Voy a una escuela especial para niños sordomudos. Todos los maestros hablan en lenguaje por señas.

Nos enseñan a leer y escribir. También estudiamos Matemáticas y Arte. ¡Igual que en otras escuelas!

Mi hermano Emilio va a la misma escuela que yo. Apenas se abre la puerta para salir a recreo corremos a jugar a la pelota en el patio.

Mi mamá y mi tía también son sordomudas. Las dos trabajan en mi escuela. Mamá es ayudante de las maestras.

En la oficina de mi tía Carla hay fotos de antiguos estudiantes, como mi mamá. Mi tía siempre me cuenta historias de cuando mi **madre** y mi **padre** eran jóvenes.

A veces vamos a la biblioteca de la escuela. Hedy, la bibliotecaria, nos lee libros en lenguaje por señas.

Hedy tiene buen **carácter** y sabe contar cuentos. Nos hace sentir parte de las historias que cuenta. Hay cuentos que nos ponen tristes. Otros nos asustan, nos asombran o nos ponen contentos.

Me encanta la clase de Arte. Me gusta mucho pintar. ¡Aquí estoy dibujándome en el bosque!

Mi clase escribió el cuento de un padre sordomudo que un día se despierta y tiene cuatro brazos. Al **principio**, pensamos y escribimos el cuento. Luego, hicimos los dibujos. Al final, hicimos el libro llamado "¿Demasiadas manos?".

El rugby es nuestro deporte más **habitual**. Tenemos que correr y alcanzar al que tiene la pelota. Entonces, ese jugador le arroja la pelota a otro del mismo equipo. El que recibe la pelota debe correr para librarse de todos y cruzar la línea de gol.

Nuestro equipo jugó con otras escuelas. Ganamos todos los partidos y por eso fuimos a **recibir** un trofeo.

¡Celebramos mucho el triunfo! En los festejos, empapamos al entrenador con agua. ¡Algunos jugadores nos mojamos! Como nos llevamos muy bien, nadie se enfadó.

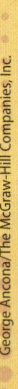

Cuando llego a casa, me baño y me cambio de ropa para cenar. A mamá le gusta peinarme. Me hace rodetes, como mi abuela le hacía a ella.

En casa, cada uno debe **cumplir** con sus tareas diarias. Mamá cocina. Yo corto la lechuga. Emilio corta queso. Papá hace guacamole.

Después de cenar, papá y yo jugamos al ajedrez. ¡Emilio me alienta!

Mamá, papá, Emilio y yo: esta es mi familia directa. Pero también quiero **presentar** a la familia completa…

Somos una familia numerosa. Hay muchas tías, tíos, sobrinos, primos, abuelas y abuelos. En la familia de mi mamá, casi todos son sordomudos. Todos hablamos en lenguaje por señas.

Así se dice "adiós" en lenguaje por señas.

Leer juntos

Un día con George Ancona

George Ancona escribió este relato y tomó las fotos que lo ilustran. Cuando era pequeño, su padre le enseñó a tomar fotos. En esa época, no había cámaras digitales. ¡Revelaban las películas en el baño!

A George le gusta tomar fotos de personas en situaciones cotidianas. Antes de escribir este libro, ya sabía algunas señas. En esta foto, dice "te amo" con señas.

Propósito del autor

George Ancona muestra un día en la vida de Rosina. Escribe una entrada de diario en la que cuentes lo que hiciste ayer.

Respuesta a la lectura

Volver a contar

Vuelve a contar con tus propias palabras "Un día con Rosina".

Evidencia en el texto

1. ¿En qué se parecen Rosina y tú? ¿En qué se diferencian? **Propósito del autor**
2. ¿Por qué crees que el autor escribió este libro? ¿Por qué crees que lo ilustró con fotografías? **Propósito del autor**
3. ¿Cómo sabes que "Un día con Rosina" es un texto de no ficción? **Género**

¿? Haz conexiones

¿Qué ayuda recibe Rosina de su familia? ¿Quién más la ayuda? **Pregunta esencial**

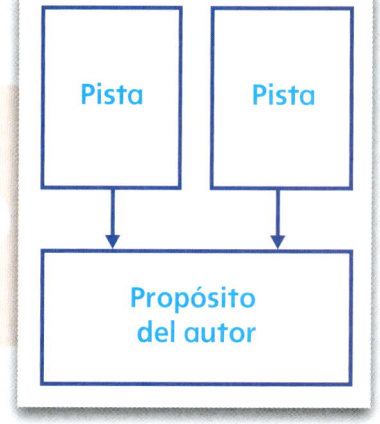

CCSS Género Poesía

Leer juntos

Compara los textos

Lee acerca de una persona muy importante en la vida de todos nosotros.

La maestra

Sin descanso la maestra
por el aula viene y va
enseñando con cariño
igualito que mamá.

Gracias a ella, ¡qué cosa
tan fácil es aprender!
Pero ¿cuánto todavía
nos queda por conocer?

Un poquito cada día
agrega a nuestro saber
y nos cuida y nos dirige
por el camino del bien.

Anónimo

¿? Haz conexiones

¿Cómo se siente el autor acerca de la maestra?
Pregunta esencial

CCSS Género Ficción realista

¿ ? Pregunta esencial

¿Cómo nos afecta el tiempo?

Lee acerca de una escuela que se construye todos los años.

¡Conéctate!

Una escuela a prueba de lluvia

James Rumford

283

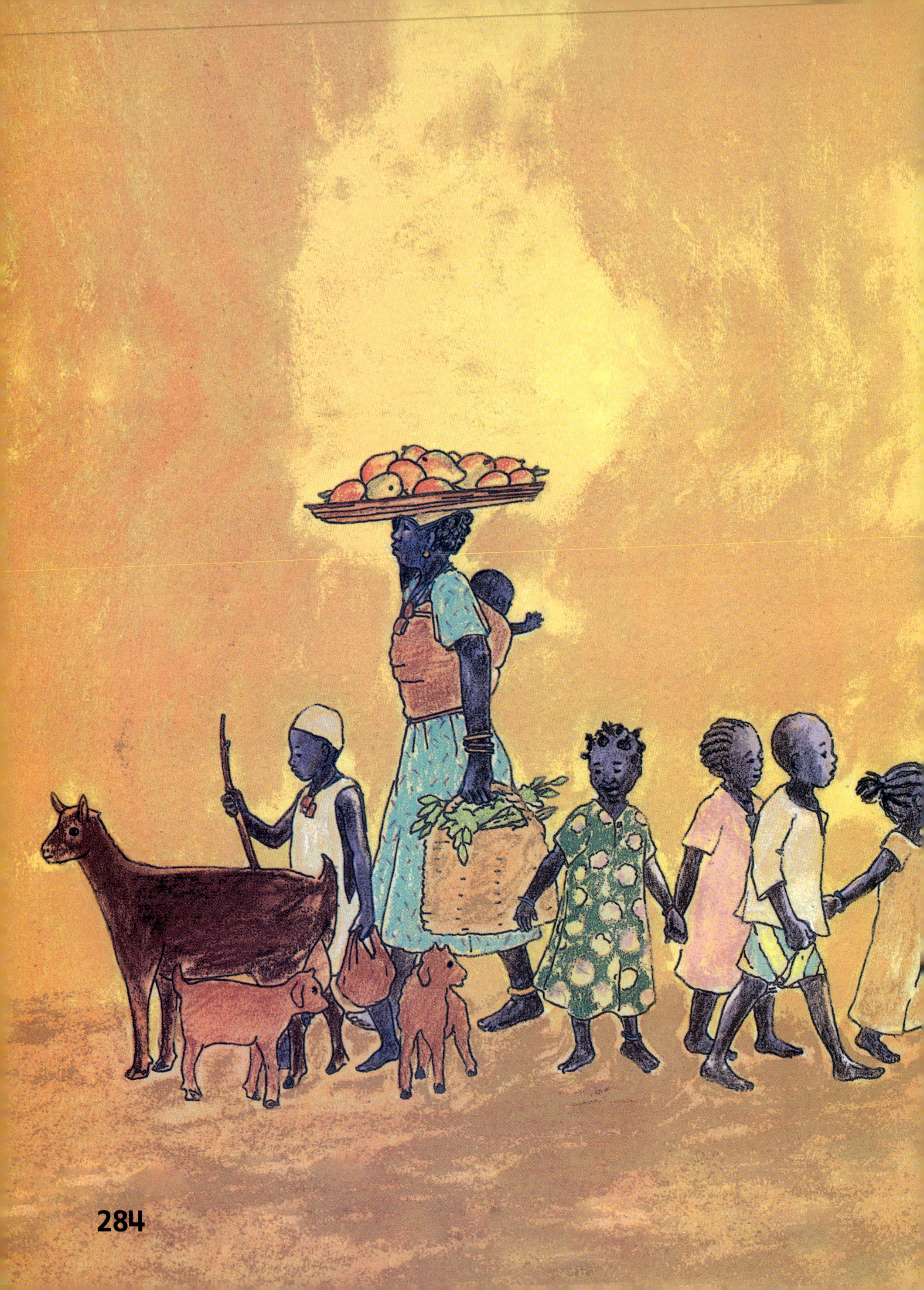

Comienzan las clases en la República del Chad, un **país** de África. Los niños se empiezan a **reunir** en el camino de tierra seca.

Delante van los hermanos y las hermanas mayores.

—¿Nos darán un cuaderno? —pregunta Tomás—. ¿Nos darán una pluma? ¿Voy a **aprender** a leer como tú?

—Deja de hacer tantas preguntas y no te quedes atrás —dicen los hermanos mayores.

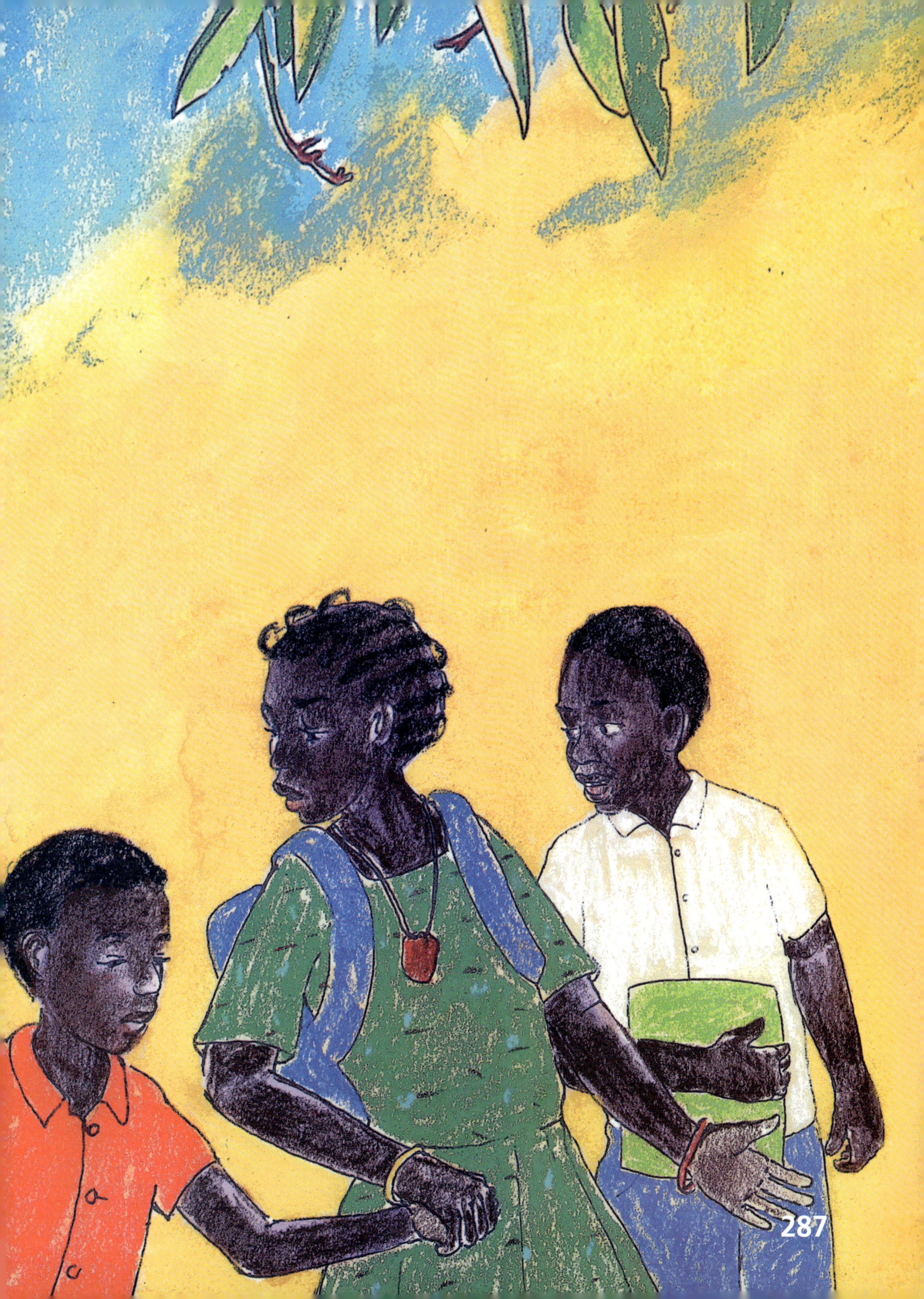

Tomás llega a la escuela, pero no hay salones de clases.

Tampoco hay mesas.

No importa.

Hay una maestra.

—Esta será una lección **diferente** —dice la maestra—. Vamos a construir la escuela.

La maestra les enseña a usar materiales que pueden **obtener** de la naturaleza. Por ejemplo, Tomás aprende a hacer bloques de barro que se secan al sol.

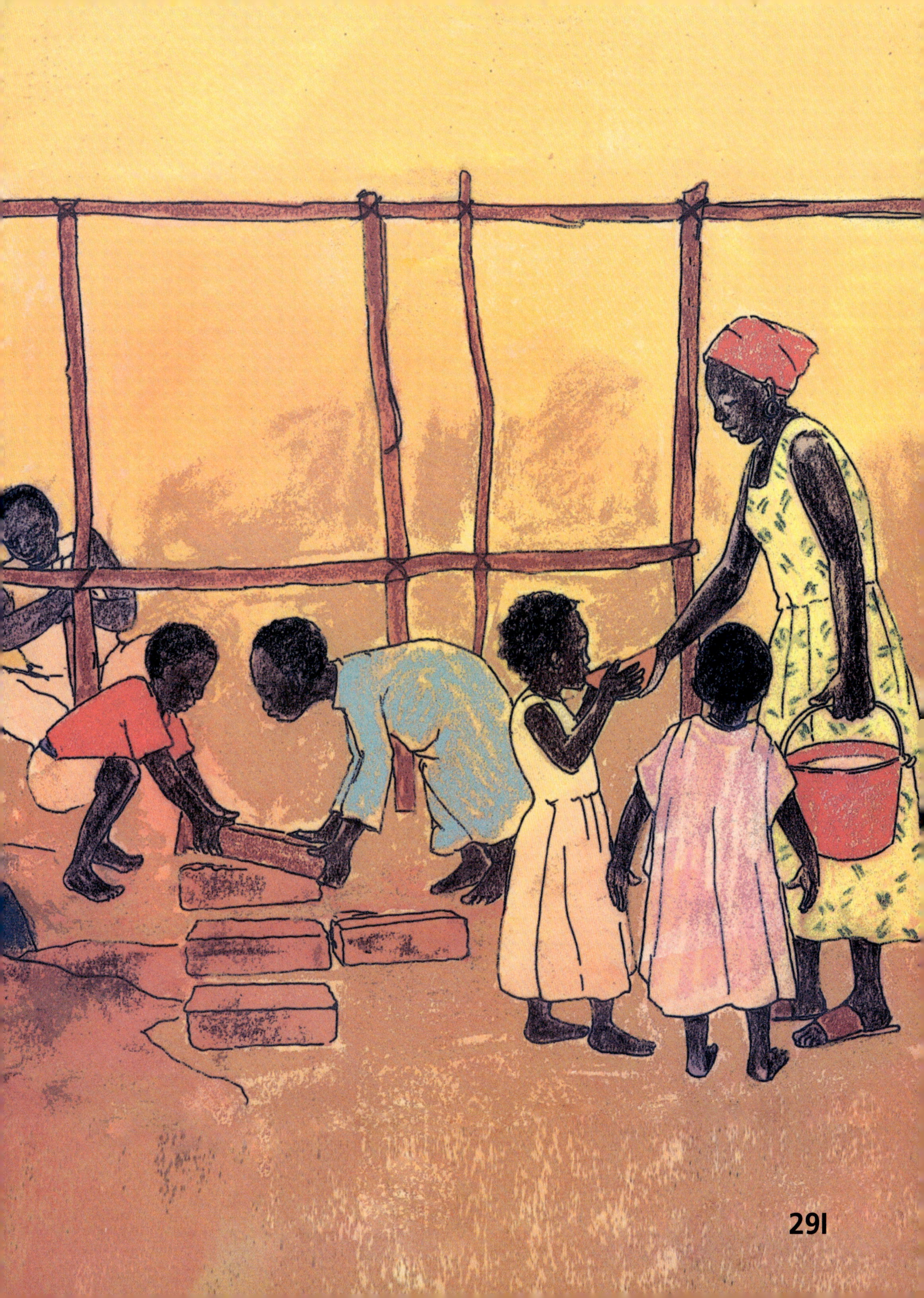

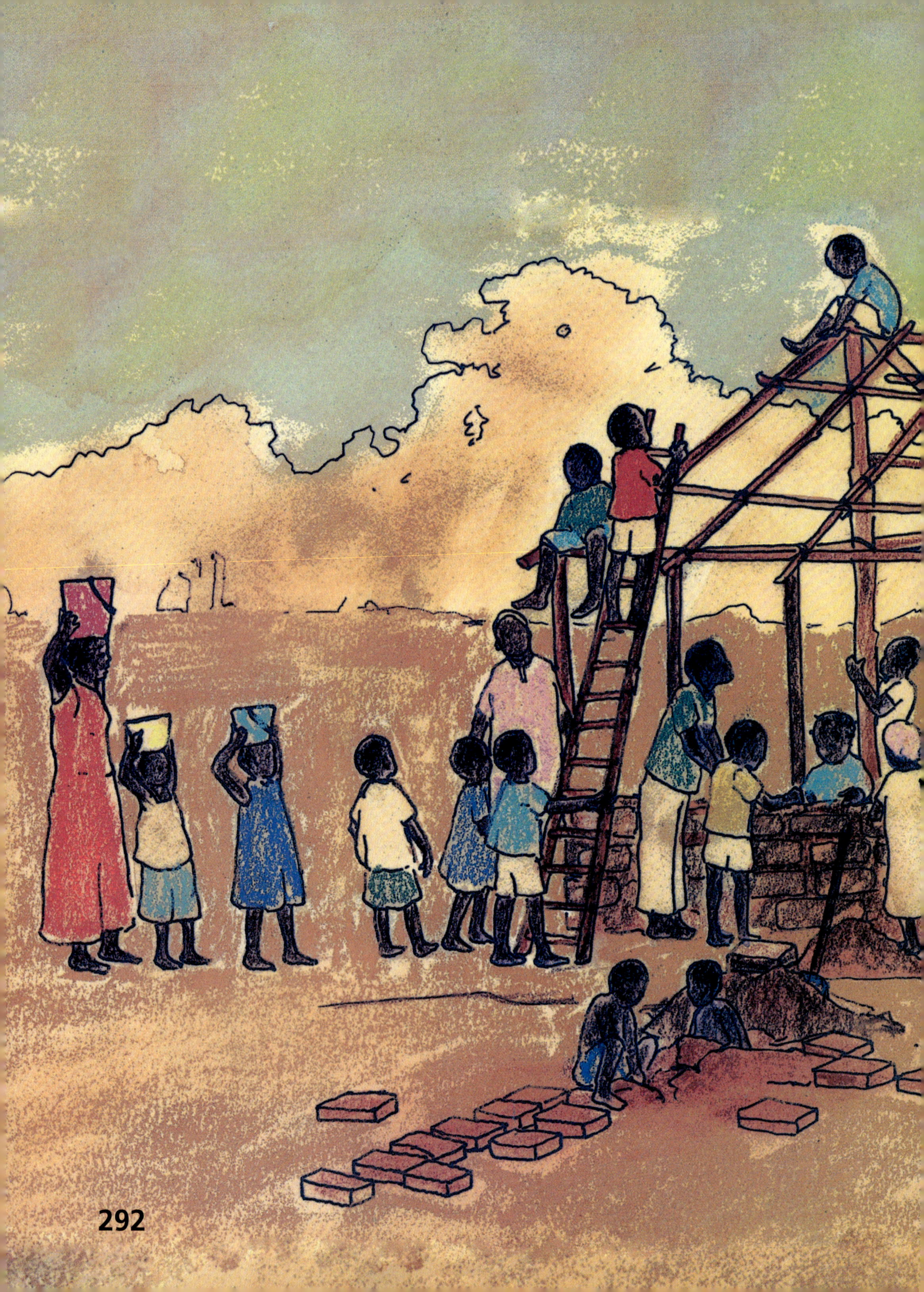

La maestra les enseña a construir paredes y mesas de barro.

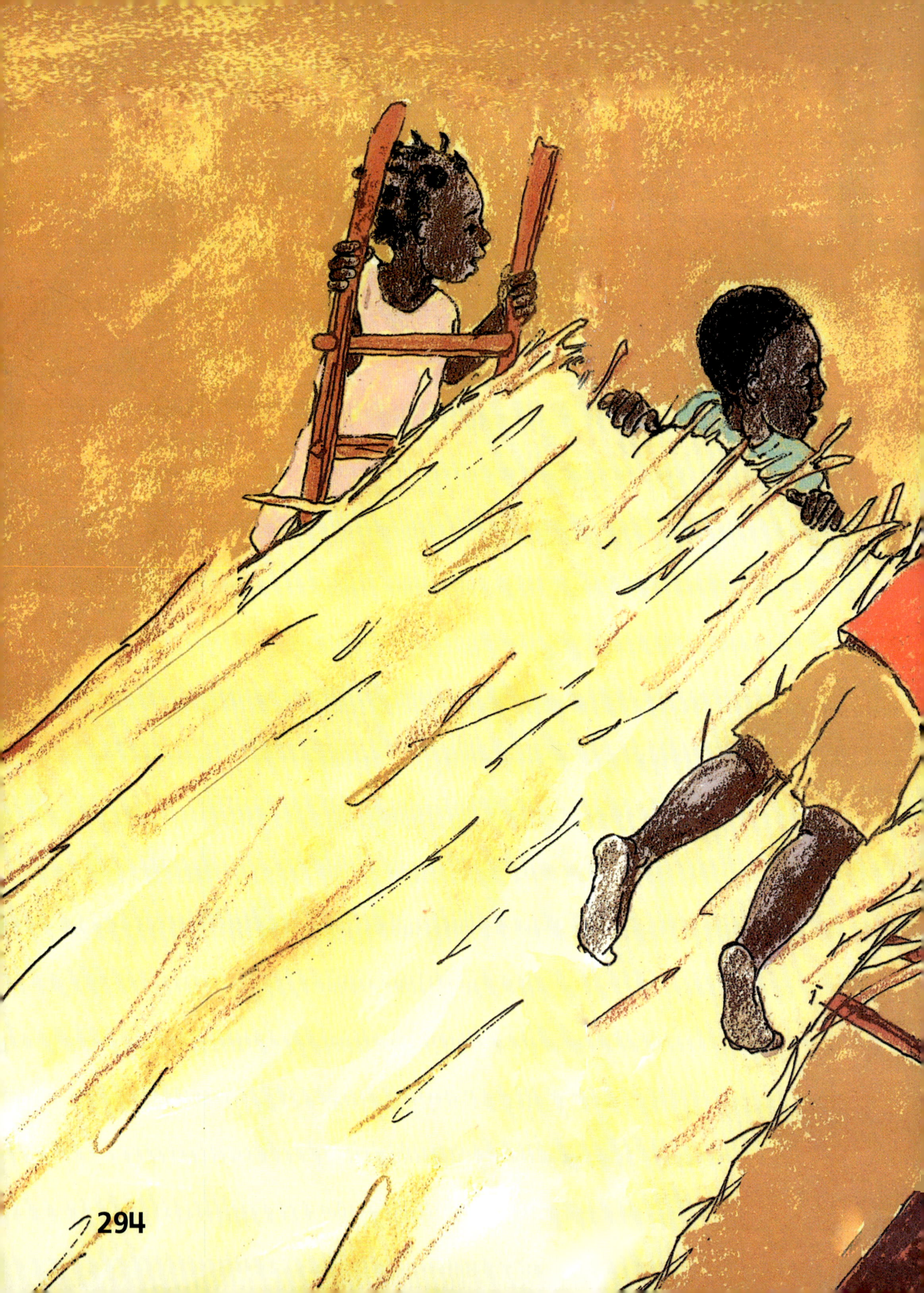

Los niños juntan pasto y ramas para hacer el techo.

Adentro está fresco. Huele a tierra. Huele al **campo** listo para sembrar los cultivos.

Tomás ayuda a entrar unos banquitos de madera.

Todos se sientan.

Llegó el momento que estaban esperando.

297

La maestra trae un pizarrón.

Escribe una letra.

—¡A! —dice la maestra.

—¡A! —repiten Tomás y los demás niños.

La maestra traza la letra en el aire con trazos amplios.

Los estudiantes hacen lo mismo una y otra vez.

—¡Espléndido! —dice la maestra.

La maestra reparte cuadernos, lápices, **etcétera**.

—Página uno —dice la maestra. Tomás abre el cuaderno en esa página, sostiene el lápiz en posición de escribir y espera.

—Ahora escriban la letra A. ¡Muy bien! —dice la maestra y mira el trabajo de los estudiantes.

Tomás aprende algo nuevo todos los días.

La maestra anima a Tomás y a los demás niños todo el tiempo: —¡Perfecto! —les dice—, sigan aplicando lo que aprenden.

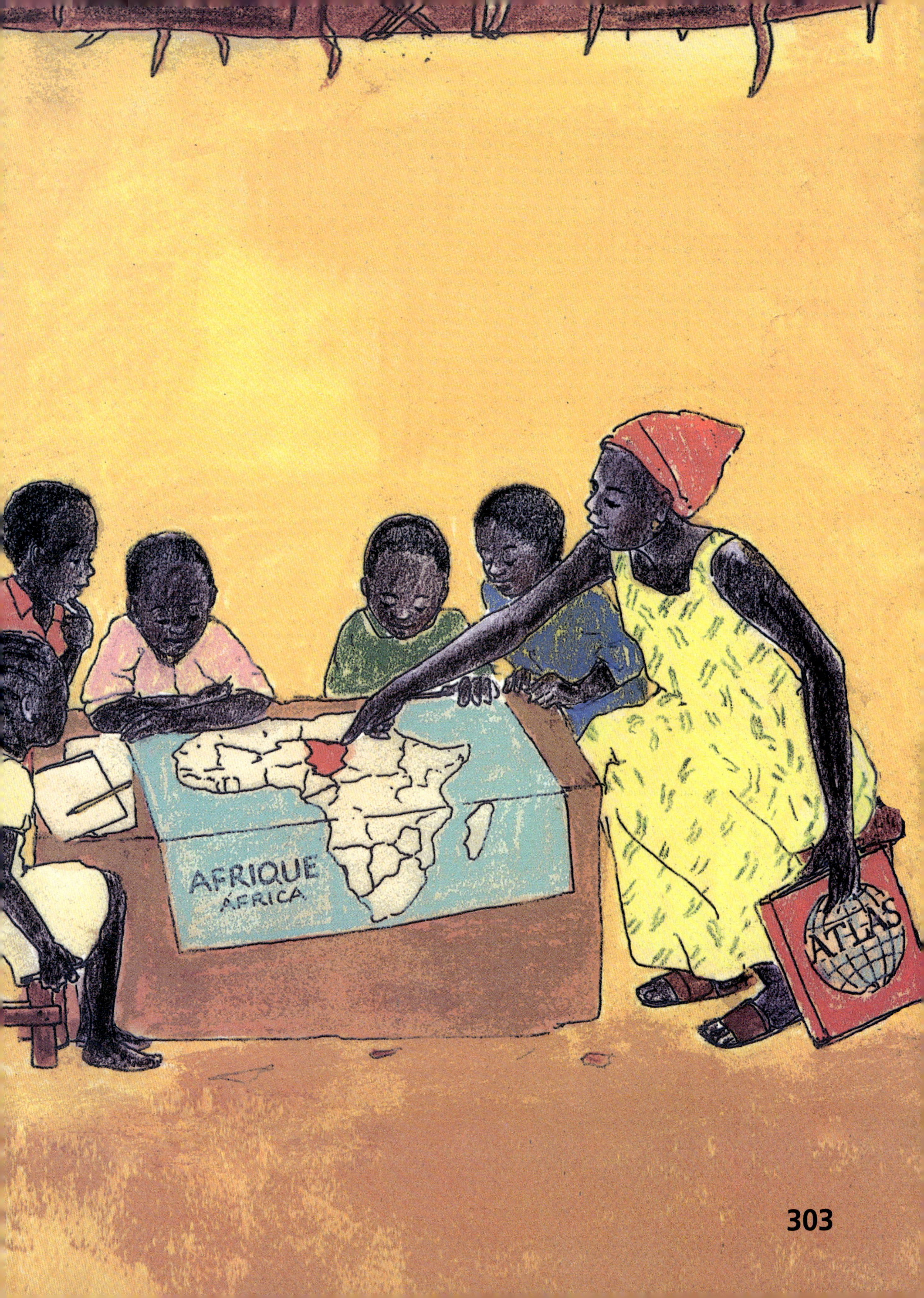
AFRIQUE
AFRICA
ATLAS

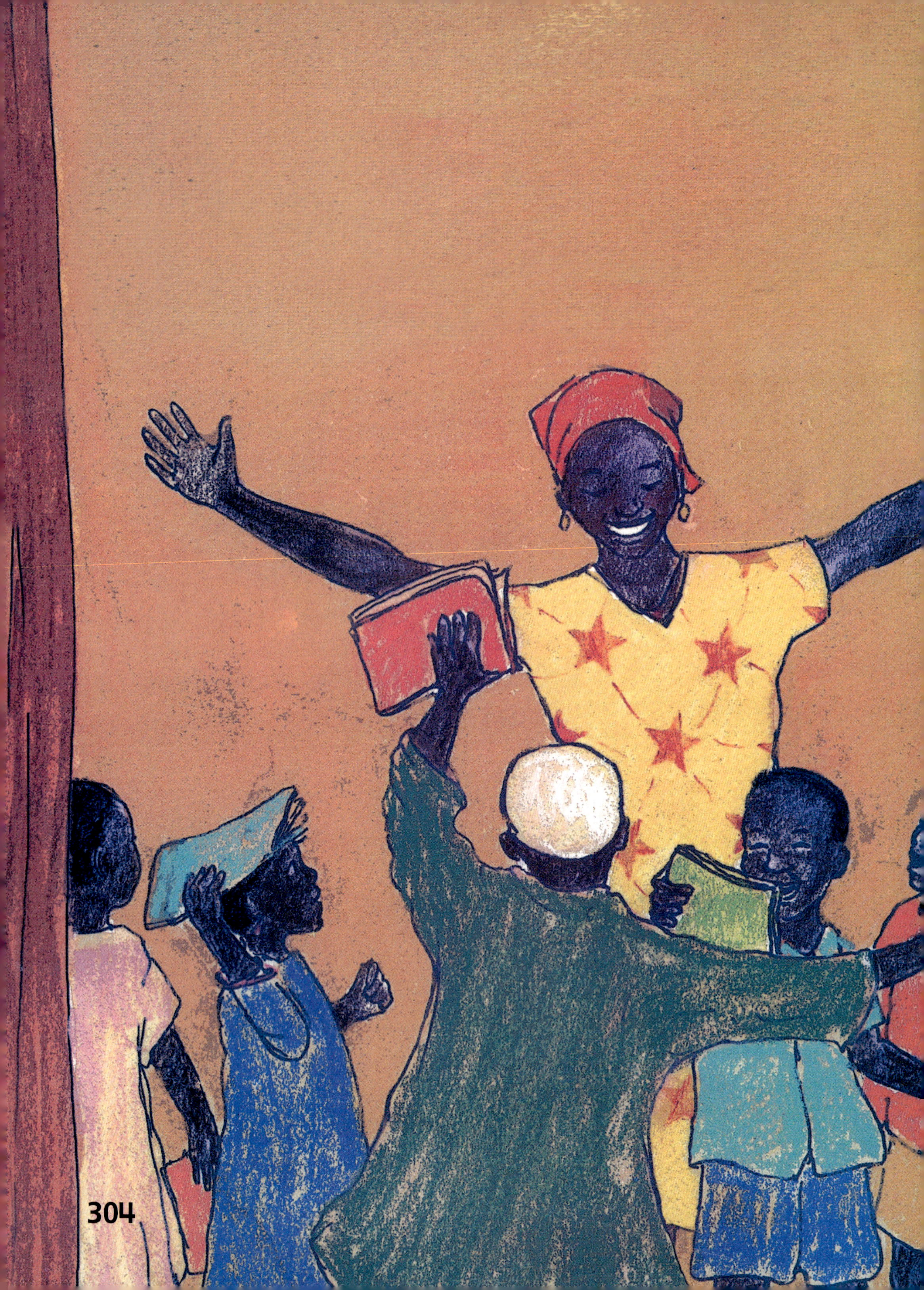

Los nueve meses del año escolar pasan volando.

Llega el último día de clases. La mente de los estudiantes desborda de conocimientos. Los cuadernos están arrugados de tanto uso.

Los niños aclaman al unísono: —¡Gracias, maestra!

Ella sonríe y les responde: —¡Buen trabajo, chicos, se esforzaron mucho este año! Hasta el año que viene.

Tomás y los demás niños corren a casa.

La escuela queda vacía justo a tiempo.

Empieza la temporada de fuertes lluvias.

Las gotas caen con fuerza y a toda velocidad.

El viento sopla tan fuerte que derriba el techo de ramas. Llueve dentro de la escuela.

Las paredes de barro se empapan y empiezan a derrumbarse.

Lo mismo sucede con las mesas de barro.

Poco a poco, la escuela desaparece hasta que no queda casi nada de ella.

No importa. Lo **principal** es que los niños ya saben el abecedario y se llevaron consigo todos los conocimientos.

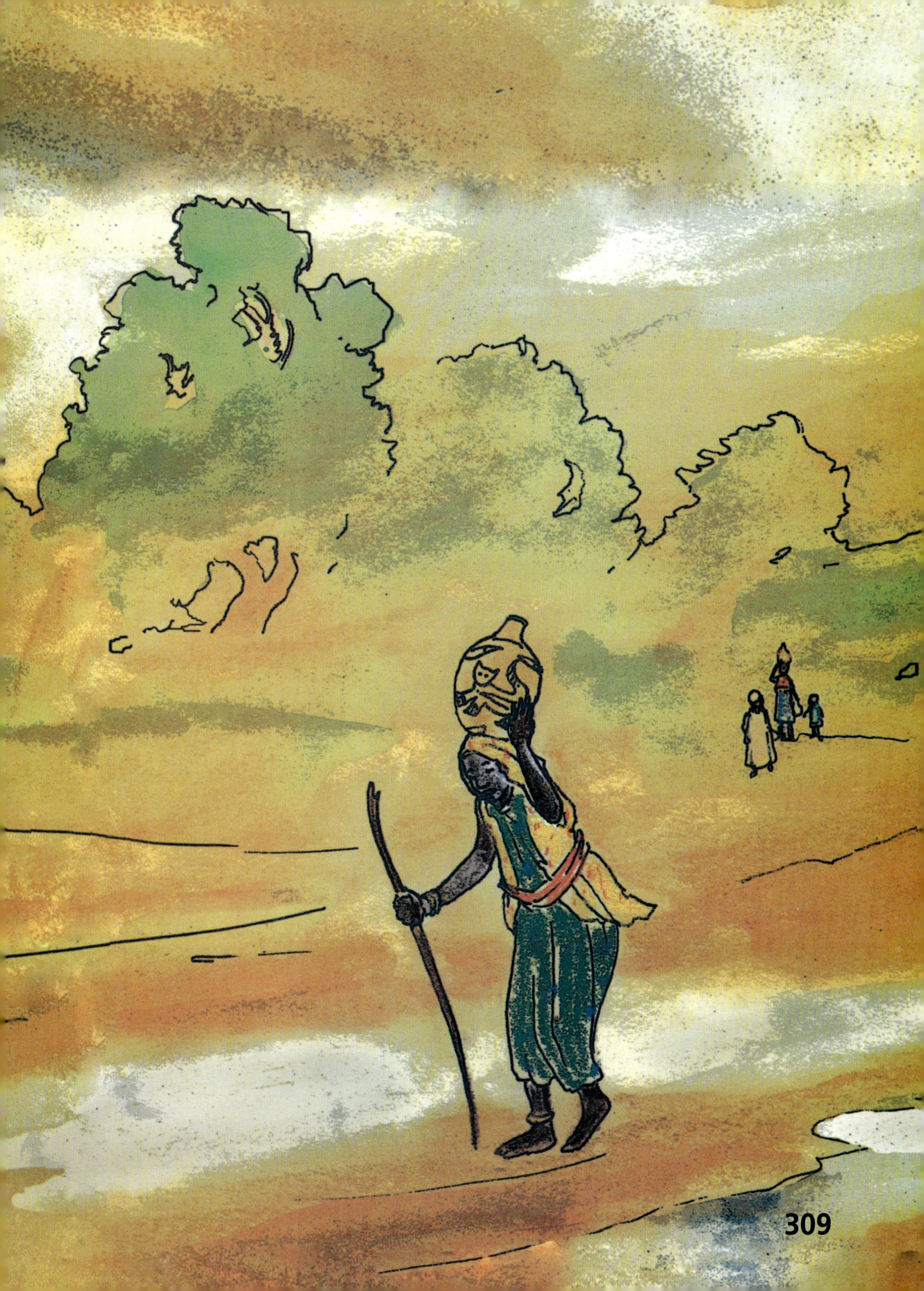

Cuando llegue septiembre, las clases comenzarán una vez más. Tomás será un hermano mayor y guiará a los niños que empiezan a ir a la escuela. Todos estarán frente a sus sonrientes maestros, listos para volver a construir la escuela.

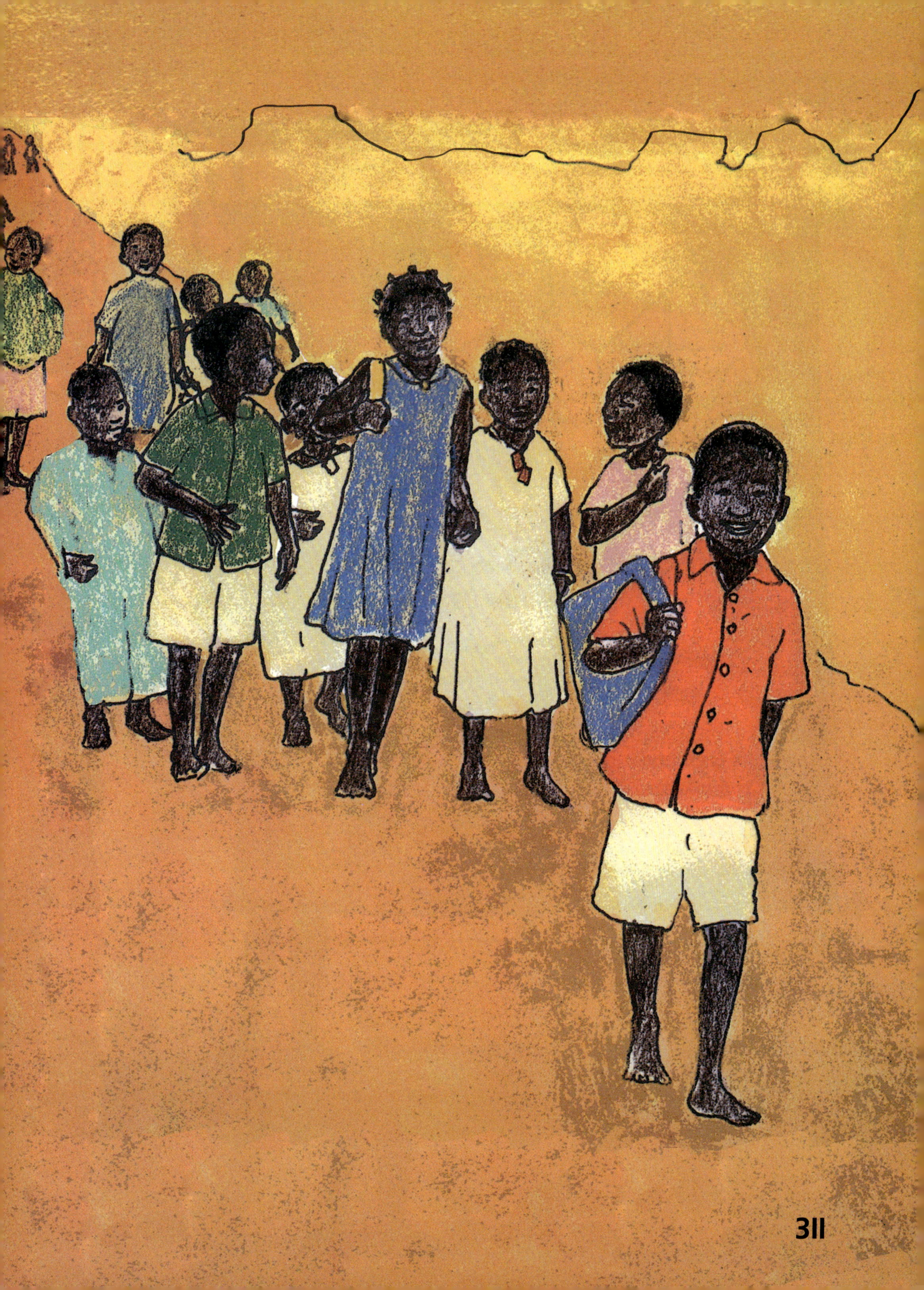

Leer juntos

James Rumford y su lluvia de cuentos

James Rumford dice: "Siempre hice libros. Ya desde pequeño escribía cuentos y los ilustraba. ¡Y aún me gusta hacerlo!".

A James Rumford siempre le encantó viajar y conocer lugares nuevos. En una época, vivió en África. De los lugares y las personas que conoce en sus viajes, saca las ideas para sus libros. Ahora vive en Hawái.

Propósito del autor

James Rumford se propuso escribir sobre la temporada anual de lluvias y cómo afecta a los niños de Chad. Dibújate en un lugar al aire libre. Escribe cómo es el tiempo de ese lugar.

Respuesta a la lectura

Volver a contar

Vuelve a contar con tus propias palabras "Una escuela a prueba de lluvia".

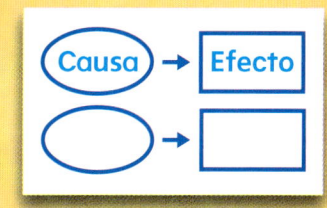

Evidencia en el texto

1. ¿Por qué los niños tienen que correr a casa el último día de clases? **Causa y efecto**
2. Al final, ¿qué sucede como consecuencia de las lluvias y los vientos fuertes? **Causa y efecto**
3. ¿Cómo sabes que "Una escuela a prueba de lluvia" es un texto de ficción realista? **Género**

¿? Haz conexiones

¿Cómo afecta el tiempo a los niños de "Una escuela a prueba de lluvia"? **Pregunta esencial**

313

Género No ficción

Compara los textos
Lee acerca de la lluvia y cómo afecta a la vida de las personas en algunos lugares.

Días de lluvia

El tiempo cambia todos los días. A veces sale el sol. A veces llueve. Cuando llueve, ¿deseas que pare de llover? Tal vez sí, pero la lluvia es necesaria.

Para qué sirve la lluvia

Todos los seres vivos necesitan agua. La lluvia hace crecer las plantas. Las plantas sirven de alimento a personas y animales. El agua de lluvia se acumula en lagunas, lagos y ríos. Los animales la beben todo el año. Nosotros también necesitamos beber agua. Además, la usamos para cocinar y limpiar.

Las tormentas

La lluvia es necesaria, pero a veces trae tormentas… y las tormentas traen problemas. En una tormenta eléctrica hay rayos y truenos. A veces los rayos caen sobre árboles y casas.

Un huracán es una tormenta muy intensa. Las lluvias fuertes pueden hacer estragos. Los vientos huracanados doblan y derriban árboles. Muchas veces hay inundaciones. Una vez que pasa la tormenta, todos colaboran para limpiar los destrozos que dejó a su paso.

Estar listos y a salvo

Los meteorólogos pueden **pronosticar** cuándo se avecina una tormenta. Así podemos mantenernos a salvo.

Durante una tormenta eléctrica o un huracán, lo mejor es quedarse adentro. Algunos guardan comida, agua y linternas adicionales para no tener que salir de casa. En poco tiempo volverá a resplandecer el sol. Y luego volverá a llover.

Las zonas amarillas y rojas del mapa muestran dónde hay una tormenta.

Haz conexiones

¿Cómo afecta la lluvia a los niños de "Una escuela a prueba de lluvia"? **Pregunta esencial**

Género Ficción realista

Pregunta esencial

¿Qué tradiciones conoces?

Lee acerca de la tradición de una celebración familiar.

¡Conéctate!

Una piñata mojada

Pepe del Valle
ilustrado por Nivea Ortiz

Los primeros días de clase en mi nueva escuela no fueron fáciles. No conocía a nadie. Tenía un poco de miedo. Creía que nadie quería hablar conmigo.

—No pienses así —decía mi mamá—.
Pronto conocerás a nuevos amigos.

—Todo el mundo quiere conocer a gente nueva —decía mi papá—. Ya verás.

Durante el recreo, un día una niña me preguntó en **voz** baja:

—¿Tú eres nuevo, verdad?

Y en voz baja le contesté: —Sí, ¿por qué?

En voz baja ella continuó diciendo: —Yo también soy nueva.

—¿Y por qué estamos hablando en voz baja? —le pregunté.

—No lo sé —dijo ella. Y nos echamos a reír.

Carla venía de un país que yo no conocía. Ella hablaba español con un acento que yo nunca había escuchado. Pero teníamos la misma **edad** y estábamos en el mismo salón de clases. Nos hicimos buenos amigos.

Un día fui a visitarla a su casa con mamá y papá. Los papás de Carla son muy simpáticos. **Ambos** son maestros de escuela secundaria. Carla me recibió con mucha alegría.

—Hola, Javier, ¡qué bueno que viniste!

Pasamos una tarde muy agradable. Ese día los padres de Carla nos invitaron a la fiesta de cumpleaños de Carla. Iba a ser dentro de dos semanas.

—Carla, tienes la **libertad** de invitar a quien tú quieras —dijo su mamá.

Carla invitó a muchos niños de nuestra escuela. El día de la fiesta de cumpleaños de Carla, mis padres y yo le regalamos un libro. Yo sabía que Carla era una gran **lectora**. Le gusta leer mucho.

La fiesta fue muy divertida. Había muchos niños y jugamos muchos juegos. Jugamos el juego de poner la cola al burro y el juego de las sillas musicales. El pastel también estuvo delicioso. Carla sopló las velas con mucha fuerza.

Lo que más me impresionó fue la piñata. Carla viene de un país diferente del mío, pero ellos también celebran los cumpleaños con una piñata. Yo creía que solo era una tradición de mi país. Después descubrí que su familia y la mía tenían muchas cosas en común.

La piñata colgaba de la rama de un árbol en el patio. Era muy bonita. Tenía la forma de una mariposa con alas muy grandes. Tenía muchos colores y unas antenas verdes y largas.

Antes de romper la piñata comenzó a llover. Todo el mundo salió corriendo para entrar a la casa. Por la ventana todos mirábamos la piñata mojada.

—¡Qué pena! —dijo la mamá de Carla—. La lluvia arruinó la fiesta.

Yo estaba buscando a Carla para acompañarla. Ella estaba muy triste. Pero de repente todos comenzaron a aplaudir.

El papá de Carla estaba en el patio con un **impermeable** y un **paraguas**. Estaba subiendo a una escalera para rescatar la piñata. Como estaba todo mojado, casi resbala de la escalera. Todos nos asustamos. Pero afortunadamente no pasó nada.

El papá de Carla regresó a la casa con la piñata. Ahora la piñata mojada tenía un **aspecto** triste, pero la fiesta terminó bien. Paró la lluvia y colgaron la piñata en la sala. Carla rompió la piñata y todos los niños gritamos de la alegría.

Todos pudimos disfrutar los juguetes y los caramelos que había dentro de la piñata.

Nunca me voy a olvidar de esa graciosa piñata mojada.

Celebremos con Pepe del Valle

Pepe del Valle nació en San Juan, Puerto Rico. Es el autor de varios libros infantiles como *La oruga sandunguera* y *Los amigos de Mario tienen picos extraños*. Siempre se interesó por aprender sobre las tradiciones de los lugares que visita. Actualmente vive en la ciudad de Madison, en el estado de Wisconsin, Estados Unidos.

Propósito del autor

Pepe del Valle quería escribir un cuento sobre tradiciones divertidas que unen a la gente. Haz un dibujo de una tradición de tu familia. Luego cuenta acerca de lo que dibujaste.

Respuesta a la lectura

Volver a contar

Vuelve a contar "Una piñata mojada" con tus propias palabras.

Pista
Pista
Pista
Tema

Evidencia en el texto

1. ¿Qué tradición tienen en común Javier y Carla? **Tema**
2. ¿Qué mensaje quiere el autor que comprenda el lector? **Tema**
3. ¿Cómo sabes que "Una piñata mojada" es una ficción realista? **Género**

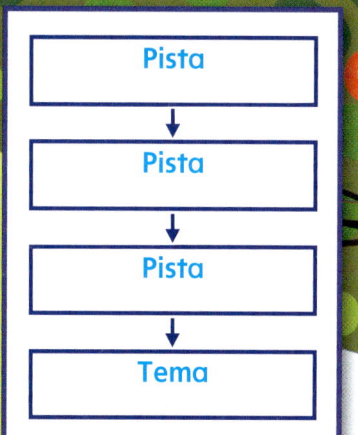

¿? Haz conexiones

¿Acerca de qué tradición familiar podrías contar algo? **Pregunta esencial**

337

CCSS Género Instrucciones

Compara los textos
Lee acerca de cómo hacer un perro de origami.

Cómo hacer figuras con papel

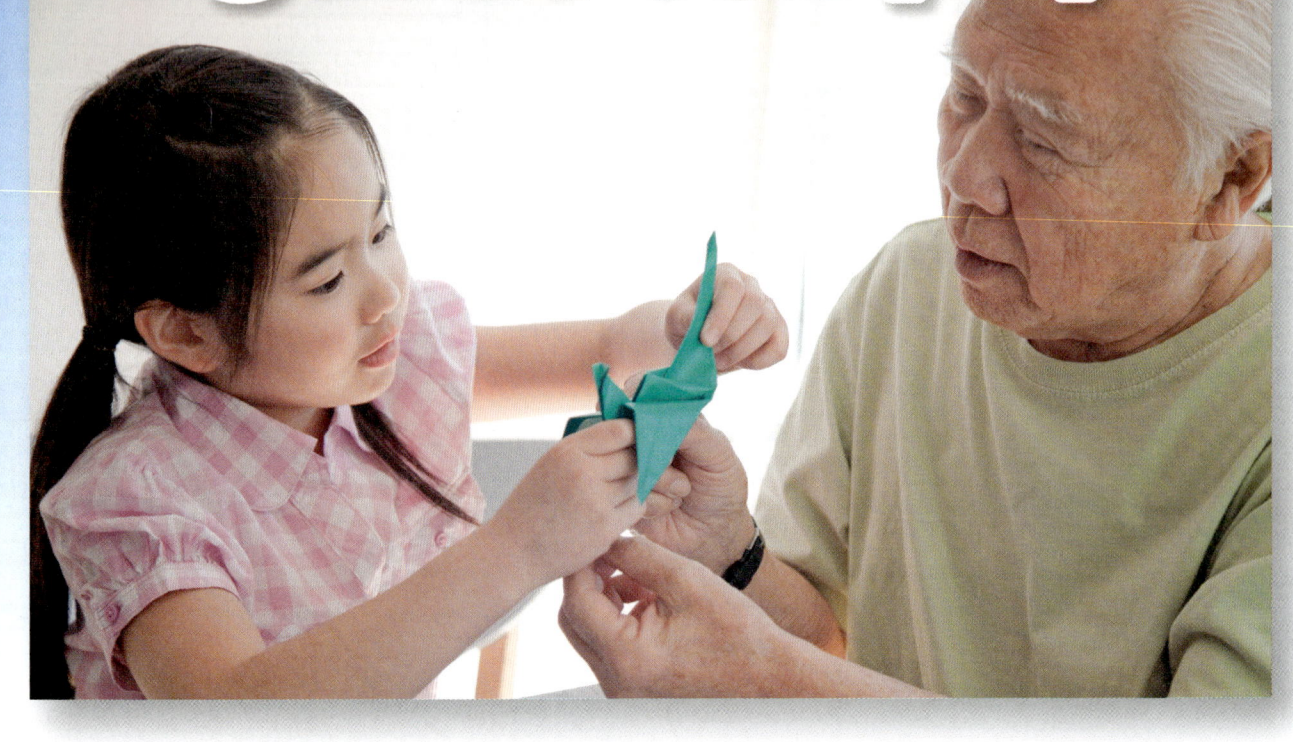

¿Ves la grulla de papel plegado? El arte de plegar papel para hacer figuras se llama **origami**. En Asia se practica hace cientos de años.

Los padres y abuelos enseñan origami a los niños.

En Japón se usa para hacer **decoraciones** en fechas especiales. Una celebración importante es la **Festividad** de las Estrellas. Los niños cantan y comen golosinas.

Las familias cuelgan figuras de origami en las calles. Los niños anotan sus deseos en papeles de colores y los cuelgan de un palo para que se cumplan.

Tú también puedes hacer origami. Sigue estos pasos para hacer un bonito perro con un cuadrado de papel.

1. Toma un cuadrado de papel. Dóblalo por la mitad formando un triángulo.

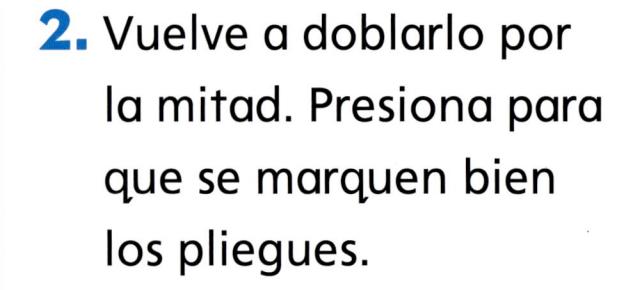

2. Vuelve a doblarlo por la mitad. Presiona para que se marquen bien los pliegues.

3. Abre el papel de modo que se vea el pliegue marcado en el medio.

4. Desde el extremo del pliegue, dobla los lados hacia abajo. La línea punteada te indica por dónde debes doblar el papel.

5. Ahora tu perro se parece al de la foto.

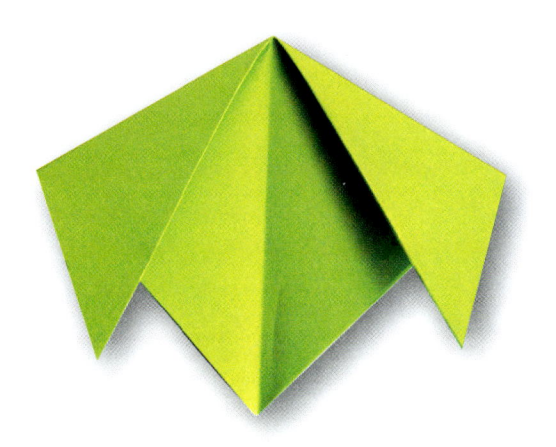

6. Dobla la esquina superior y la esquina inferior hacia atrás.

7. ¡Ya hiciste el perro! Ahora puedes dibujarle la cara.

¿? Haz conexiones

¿Para qué ocasiones se usan las tradiciones de la piñata y los origami? **Pregunta esencial**

Género No ficción

Pregunta esencial

¿Por qué tenemos días festivos?

Lee acerca de los orígenes de nuestro país.

¡Conéctate!

¡Feliz cumpleaños, ESTADOS UNIDOS!

¿Por qué celebramos el 4 de Julio?

¡Fiuuu! ¡Bum! ¡Pum! Se oyen las explosiones de los fuegos artificiales. El cielo se ilumina de todos los colores. Se oyen las bandas y la gente está feliz. ¡Es 4 de Julio!

Todos los años se celebra el cumpleaños de Estados Unidos. Es un día para hacer cosas juntos. Hay fuegos artificiales, desfiles y se hacen picnics. ¡A veces estas celebraciones duran más de **diez** horas! Ya hace más de doscientos años que lo celebramos. Pero… ¿cómo empezó esta celebración?

Los desfiles son la máxima expresión de los festejos del 4 de Julio.

343

En 1775, nuestra **nación** era pequeña. Tenía apenas 13 colonias. Las colonias eran como los estados, pero su gobernante estaba lejos. El gobernante era el rey de Inglaterra. A los colonos no les gustaba eso. **Tampoco** les parecían justas las leyes del rey. Pensaban que al rey no le importaba la felicidad de las colonias.

Nuestro país nació hace más de 200 años.

Esta es la Casa de la Independencia, en Filadelfia. Aquí se escribieron muchas leyes de nuestra nación.

El 11 de junio de 1776, los líderes de las colonias tuvieron una gran idea: reunirse en un congreso para **proponer** nuevas normas y leyes. Así comenzó el camino para liberarse de Inglaterra.

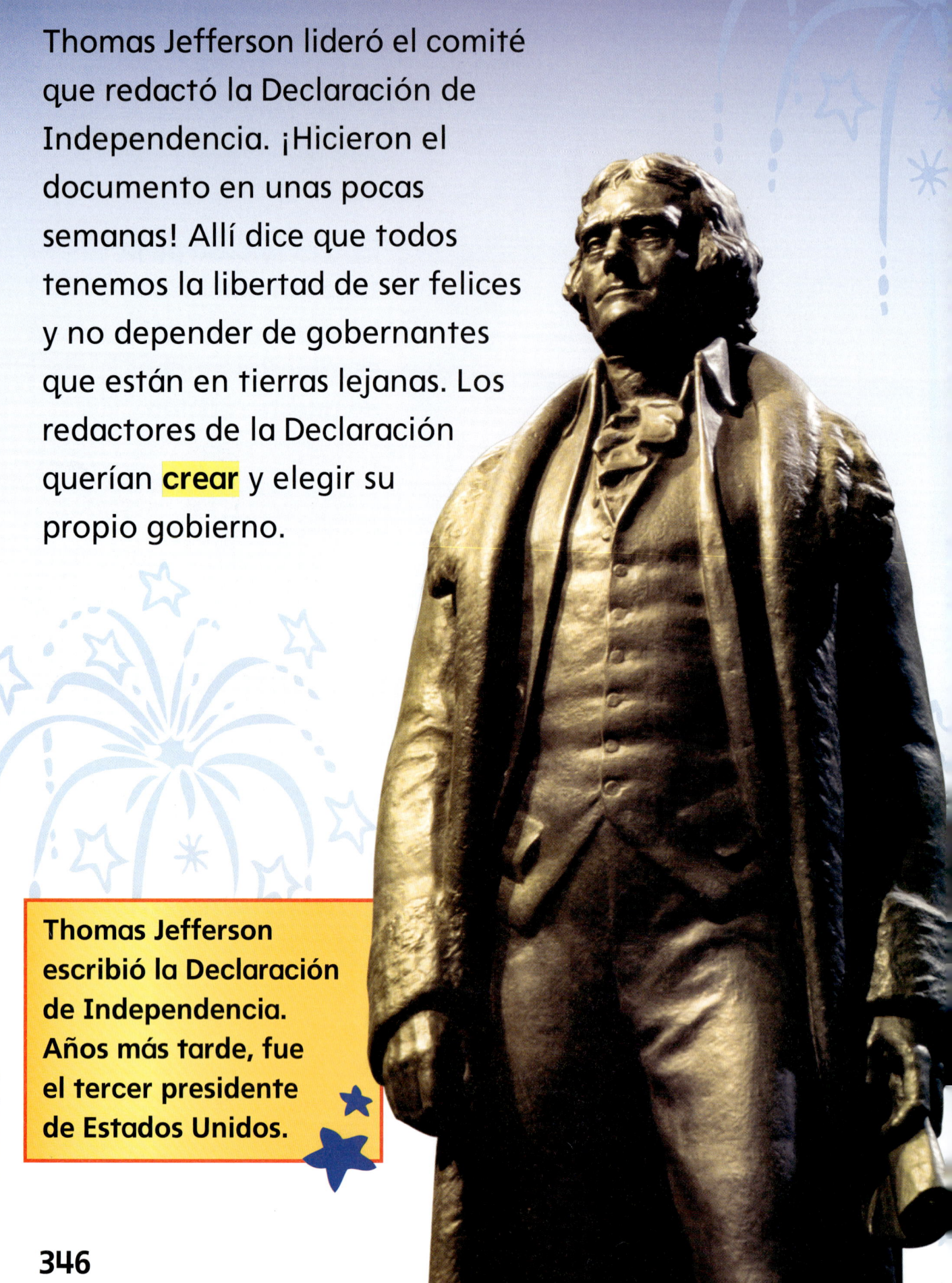

Thomas Jefferson lideró el comité que redactó la Declaración de Independencia. ¡Hicieron el documento en unas pocas semanas! Allí dice que todos tenemos la libertad de ser felices y no depender de gobernantes que están en tierras lejanas. Los redactores de la Declaración querían **crear** y elegir su propio gobierno.

Thomas Jefferson escribió la Declaración de Independencia. Años más tarde, fue el tercer presidente de Estados Unidos.

Thomas Jefferson y los demás líderes del Congreso debatieron sobre cómo separarse de Inglaterra.

Los líderes firmaron la Declaración de Independencia el 4 de julio de 1776. Luego la enviaron a Inglaterra. El rey no se explicaba el atrevimiento de las colonias. No quería que fueran libres.

El texto completo se leyó por primera vez en voz alta el 4 de julio. Hubo música y sonaron las campanas. El 4 de julio del año siguiente, la luz de los fuegos artificiales inundó el cielo nocturno.

347

Ese fue apenas el comienzo. Tuvimos que luchar mucho para ser una nación libre. Pero el éxito estuvo de nuestro lado. Y todo **gracias** a la Declaración de Independencia.

En la Declaración de Independencia, las 13 colonias expresaron al rey Jorge su deseo de liberarse de Inglaterra.

Todos los años, el 4 de julio, rendimos homenaje a nuestra libertad y a la Declaración de Independencia. ¡No existe motivo mejor para festejar!

Respuesta a la lectura

1. ¿Por qué crees que el autor escribió este artículo? **Propósito del autor**
2. ¿Por qué el autor habla del rey de Inglaterra? **Propósito del autor**
3. ¿Cómo sabes que "¡Feliz cumpleaños, Estados Unidos!" es un texto de no ficción? **Género**
4. ¿Por qué celebramos el 4 de Julio? **Pregunta esencial**

CCSS Género No ficción

TIME FOR KIDS

Compara los textos
Lee acerca de cómo se formó Estados Unidos a partir de las trece colonias.

Crece una NACIÓN

En 1776, nuestra nación estaba formada por trece colonias. Tenía más de dos millones de habitantes. Con el tiempo, las colonias se convirtieron en estados. Lee los nombres de las colonias. ¿Conoces alguno?

Filadelfia

Colonias de 1776

Las 13 colonias

1. Massachusetts
2. Nueva Hampshire
3. Nueva York
4. Connecticut
5. Rhode Island
6. Pensilvania
7. Nueva Jersey
8. Maryland
9. Delaware
10. Virginia
11. Carolina del Norte
12. Carolina del Sur
13. Georgia

Illustration: Beth Griffis Johnson

350

En la actualidad, nuestro país está formado por cincuenta estados. ¡Y tiene más de 312 millones de habitantes!

¿Sabías que Filadelfia fue la primera capital del país?

¿Cuál es ahora la capital de nuestro país? Si tu respuesta es "Washington D. C.", ¡acertaste! En 1790 la declararon ciudad capital.

Estados Unidos hoy

Filadelfia

Washington D. C.

Haz conexiones
¿Qué puedes aprender de las colonias al mirar este mapa? **Pregunta esencial**

Leer juntos

Glosario

¿Qué es un glosario? Un glosario ayuda a comprender el significado de algunas palabras. Las palabras se presentan en orden alfabético. Se suelen mostrar en una oración de ejemplo.

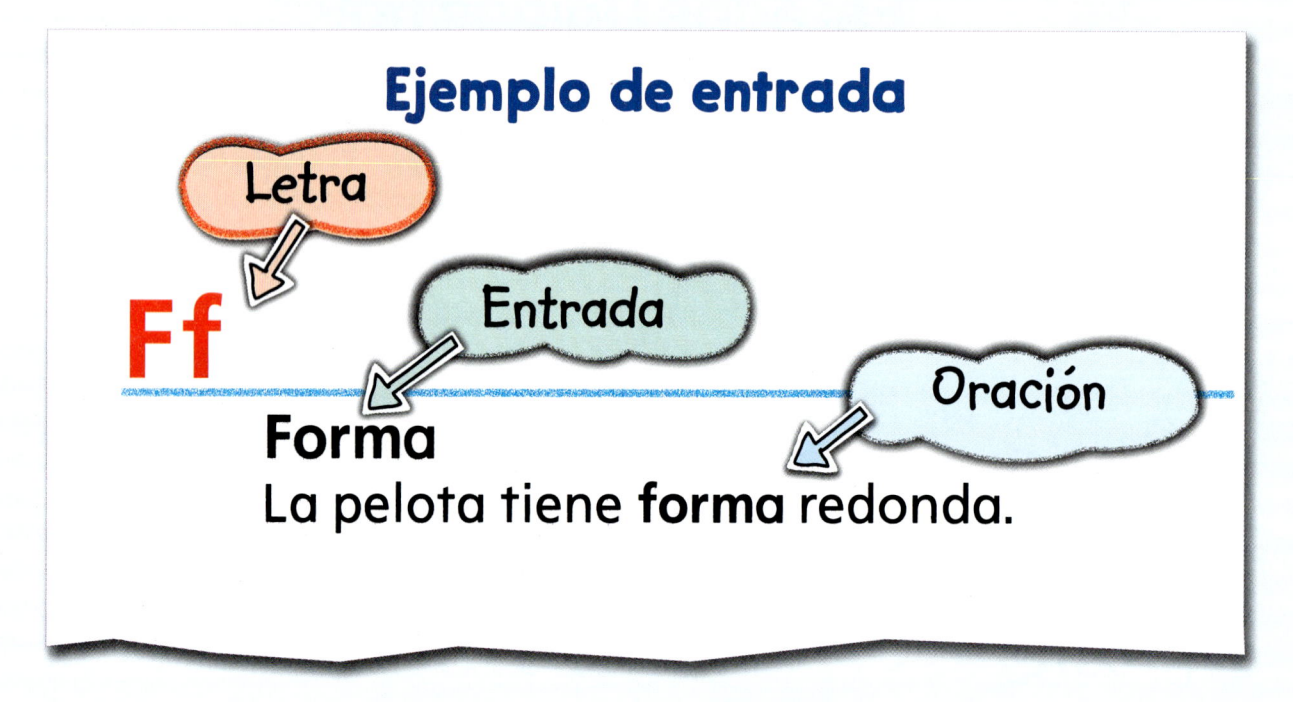

Ejemplo de entrada

Letra → **Ff**

Entrada → **Forma**

Oración → La pelota tiene **forma** redonda.

Aa

abrir
María puede **abrir** la lata sin ayuda.

aceptar
Voy a **aceptar** tu invitación.

actividad
Hacer **actividad** física es muy bueno.

ambos
Pedro y Juan cantan, y **ambos** tienen buen oído.

aprender
Podemos **aprender** mucho en la escuela.

aspecto
Esta manzana tiene buen **aspecto**.

astuto
El gato es un animal muy **astuto**.

atrás
No mires para **atrás** cuando caminas.

aunque
Voy a ir al parque **aunque** llueva.

Bb

bien
Comer frutas hace **bien** a la salud.

blanco
Cuando nieva todo se ve **blanco**.

Cc

camino
El **camino** a la escuela es muy bonito.

campo
La casa de mi prima está en el **campo**.

carácter
Mi perrito tiene un **carácter** apacible.

ciudad
Vivo en una **ciudad** muy grande.

compañero
Fernando es mi **compañero** de clase.

completo
El teatro está **completo**.

crear
Me encanta **crear** cuentos en clase.

cualquier
Puedes imaginar **cualquier** cosa.

cuanto
Cuanto más leo, más aprendo.

cuatro
Mi hermana menor tiene **cuatro** años.

cuerpo
El **cuerpo** de los elefantes es enorme.

cumplir
Es importante **cumplir** las promesas.

Dd

diez
Mi hermano mayor tiene **diez** años.

diferente
Todos los días leemos algo **diferente**.

difícil
El ajedrez es un juego **difícil**.

doctor
Voy al **doctor** cuando me enfermo.

durante
Esta mañana leí **durante** dos horas.

Ee

edad
Elena y Clara tienen la misma **edad**.

elegante
Sara fue a una fiesta muy **elegante**.

embargo
Afuera está nevando; sin **embargo**, adentro no hace frío.

emergencia
Ante una **emergencia**, llama a un adulto.

empezar
¡Ya va a **empezar** la película!

encontrar
No puedo **encontrar** mi lápiz favorito.

enfurruñado
José está **enfurruñado** porque no puede salir a jugar.

entonces
Si lo dices tú, **entonces** lo creo.

equilibrio
Si pierdo el **equilibrio**, caigo al suelo.

escribe
Adriana **escribe** libros para niños.

escuchar
Me gusta **escuchar** música en la radio.

esfuerzo
Con **esfuerzo**, lograré todas mis metas.

estudio
Busco información para completar mi **estudio** sobre los insectos.

etcétera
Colecciono tapas, sellos, fotos, **etcétera**.

exacto
La balanza dice el peso **exacto** de algo.

exigir
Ana va a **exigir** que le digan la verdad.

existen
Existen muchos tipos de plantas.

explicar
La maestra nos va a **explicar** el cuento.

Ff

forma
La pelota tiene **forma** redonda.

formidable
Un cuento **formidable** les gusta a todos.

frente
Laura vive en la casa **frente** a la mía.

Gg

gracias
¡**Gracias** por ayudarme con la tarea!

gracioso
Patricia contó un chiste muy **gracioso**.

grupo
Todo el **grupo** celebró la victoria.

gusto
El helado tiene **gusto** a fresas.

Hh

habitual
En otoño es **habitual** que llueva.

hablar
Me gusta **hablar** por teléfono.

habrá
Habrá sorpresas en la fiesta de Mabel.

hacia
Las hormigas van **hacia** el hormiguero.

hermoso
El cabello de Yolanda es **hermoso**.

Ii

iguales
Los hermanos mellizos son casi **iguales**.

impermeable
Cuando llueve, uso un **impermeable**.

importante
Es **importante** poner atención en clases.

insecto
La luciérnaga es un **insecto** precioso.

inusuales
Algunos inventores tienen ideas **inusuales**.

larga/maestro

Ll

larga
Los ratones tienen una cola **larga**.

lector
Miguel es un gran **lector**.

libertad
Los pajaritos vuelan en **libertad**.

libro
Estoy leyendo un **libro** de aventuras.

lograr
Este año voy a **lograr** todas mis metas.

luego
Me lavo las manos y **luego** como.

luz
Prefiero dormir con la **luz** apagada.

Mm

madre
La **madre** de Sandra es enfermera.

maestro
Nuestro **maestro** se llama Ernesto.

manera
Yo sé la mejor **manera** de llegar a casa.

muestro
Siempre le **muestro** la tarea a mi mamá.

Nn

nación
Estados Unidos es nuestra **nación**.

nuestro
En **nuestro** barrio hay muchos árboles.

nuevamente
Leeré **nuevamente** mi libro favorito.

Oo

obra
Voy a participar en una **obra** de teatro.

obtener
Nuestro equipo va a **obtener** un trofeo.

ofrece
Mi primo siempre se **ofrece** a ayudarme.

orgulloso
Andrés está **orgulloso** de sus notas.

otro
¿Tomamos **otro** vaso de limonada?

Pp

padre
Al **padre** de Flor le encanta tomar fotos.

país
Nuestro **país** está en América.

palabra
Cuando no entiendo una **palabra** la busco en el diccionario.

paraguas
Cuando llueve uso mi **paraguas**.

peligro
El pez se esconde cuando siente **peligro**.

piensa
Ana **piensa** en la solución del problema.

podrás
Si te esfuerzas, **podrás** lograrlo.

porque
Sandra toma la sopa **porque** le encanta.

pregunta
Claudia sabe la respuesta a la **pregunta**.

presentar
Vamos a **presentar** el trabajo a la clase.

prever
Antes de salir de excursión, es necesario **prever** qué necesitaremos.

principal
La idea **principal** es la más importante.

principio
Me gustó el libro desde el **principio**.

problema
Resolví el **problema** sin calculadora.

propio
Manuel quiere escribir su **propio** libro.

proponer
Quiero **proponer** una idea a la clase.

próximo
El **próximo** año tomaré clases de karate.

pueblo
Carlos vive en un **pueblo** en la montaña.

puede
Una tortuga **puede** vivir muchos años.

pues
Voy al parque **pues** el día está precioso.

Qq

quien
Ganará **quien** responda correctamente.

quiere
Luciano **quiere** una bicicleta nueva.

quizá
Este invierno **quizá** no haga mucho frío.

Rr

recibir
Pablo fue al teatro a **recibir** un premio.

reunir
Hoy nos vamos a **reunir** en mi casa.

río
La casa de Coni está cerca del **río**.

Ss

secciones
Un periódico tiene varias **secciones**.

seguir
Voy a **seguir** a los pájaros con la vista.

señal
Se detuvo cuando vio la **señal** de ALTO.

susto
¡Qué **susto** me dio ver esa araña!

Tt

tampoco
Si Paula no juega, yo **tampoco** jugaré.

tirar
Debemos **tirar** la basura a la cesta.

todavía
Todavía no sé andar en bicicleta solo.

todo
El perro come **todo** lo que le doy.

trae
Mi tía me **trae** libros cada vez que viaja.

través

El camino pasa a **través** del parque.

Vv

varios

Nos fuimos de vacaciones por **varios** días.

voz

Mi tía es cantante y tiene una **voz** preciosa.